NOTICE MONOGRAPHIQUE

SUR

ÉGUZON

par

L. BLANCHARD

INSTITUTEUR

CHATEAUROUX

IMPRIMERIE ET LIBRAIRIE A.-F. PATISSIER

—

1895

NOTICE MONOGRAPHIQUE

SUR

ÉGUZON

NOTICE MONOGRAPHIQUE

SUR

ÉGUZON

par

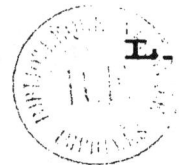 L. BLANCHARD

INSTITUTEUR

CHATEAUROUX

IMPRIMERIE ET LIBRAIRIE A.-F. PATISSIER

—

1895

AVANT-PROPOS

J'avais tracé les premières lignes de ce travail, lorsqu'on me communiqua la remarquable notice de M. Beaulieux, sur Vicq-sur-Nahon.

J'en lus quelques pages; mais bientôt je l'abandonnai, craignant qu'elle ne me fît changer le plan que je m'étais tracé.

Cette étude sur Eguzon est bien incomplète; elle l'eût été encore davantage, sans l'obligeance de M. Dauthy, maire, conseiller général et notaire à Eguzon, qui a bien voulu me permettre de faire des recherches dans les vieux papiers de son étude.

Je trouvai là les actes des notaires qui se sont succédé dans la commune d'Eguzon depuis le XVIIᵉ siècle, et je découvris quelques pièces intéressantes, qui m'ont donné beaucoup de mal à déchiffrer. Elles sont en général d'une écriture gothique, admirable sans doute pour l'époque, mais presque illisible maintenant pour qui n'a pas fait d'études spéciales.

Je dois donc beaucoup de remerciments à M. Dauthy : grâce à lui j'ai pu élargir le cadre que je m'étais tracé.

J'ai aussi à remercier M. Pierre Joseph, propriétaire à Eguzon, qui a bien voulu me communiquer certains ouvrages anciens qui font mention des anciens seigneurs du pays, et des notes qu'il avait lui-même relevées aux archives de l'Indre ou à Paris.

Un voyage à Guéret m'a fait découvrir aux archives de cette ville quelques documents que j'ai utilisés. On en trouverait d'autres bien importants, étant donné qu'Eguzon faisait partie de la Haute-Marche; malheureusement il m'est impossible d'y faire toutes les recherches que je désirerais.

Plusieurs stations aux archives de l'Indre m'ont procuré de précieux renseignements, et aussi l'avantage de faire la connaissance de M. Hubert fils, dont la complaisance ne connaît pas de bornes.

Je dois également des remerciments à M. le Curé de Gargilesse, un expert dans les travaux de ce genre; il a bien voulu *me communiquer quelques notes, et mettre à mon entière disposition les renseignements qu'il possède.*

Enfin M. Ponroy, instituteur à Chantôme, m'a communiqué quelques pièces découvertes par lui chez certains habitants de la commune. Entre autres pièces importantes se trouvent les dépenses jour par jour, d'un certain abbé de Belesbat, en 1675 et 1676, qui offrent beaucoup d'intérêt.

J'en ai reproduit quelques passages qui donnent le prix des denrées et des journées d'ouvriers à cette époque.

Le tout forme un ensemble bien incomplet et quelque peu incohérent. Mais un travail de ce genre n'est jamais terminé, et j'y ajouterai encore tous les renseignements que je pourrai découvrir par la suite.

Je le présente tel quel, dans un but complètement désintéressé, poussé surtout par cette idée que rien n'a encore été écrit sur Eguzon, et que ce travail, peut-être, sera utile à quelques chercheurs.

Octobre 1894.

L. BLANCHARD,
Instituteur à Eguzon.

NOTICE MONOGRAPHIQUE

SUR

ÉGUZON

ÉGUZON

George Sand, dans le Péché de M. Antoine, fait en peu de mots la description d'Eguzon en 1845 :

« Il est peu de gîtes aussi maussades en France que la ville
» d'Eguzon, située aux confins de la Marche et du Berry, dans
» la direction du S.-O. de cette dernière province.
» 80 à 100 maisons, d'apparence plus ou moins misérable
» (à l'exception de deux ou trois, dont nous ne nommerons point
» les opulents propriétaires, de peur d'attenter à leur modestie),
» composent les deux ou trois rues, et ceignent la place de cette
» bourgade fameuse à dix lieues à la ronde pour l'esprit procé-
» durier de sa population et la difficulté de ses abords.
» Malgré ce dernier inconvénient qui va bientôt disparaître,
» grâce au tracé d'une nouvelle route, Eguzon voit souvent des
» voyayeurs traverser hardiment les solitudes qui l'environnent,
» et risquer leurs carioles sur son pavé terrible.
» L'unique auberge est située sur l'unique place, laquelle est
» d'autant plus vaste, qu'elle s'ouvre sur la campagne, comme
» si elle attendait les constructions nouvelles des futurs citadins,
» et cette auberge est parfois forcée, dans la belle saison, d'in-
» viter les nombreux arrivants à s'installer dans les maisons du
» voisinage qui leur sont ouvertes, il faut le dire, avec beau-
» coup d'hospitalité.
» C'est qu'Eguzon est le point central d'une région pittores-
» que semée de ruines imposantes, et que soit qu'on veuille voir
» Châteaubrun, Crozant, la Prugne-au-Pot, ou enfin le château

» encore debout et habité de St-Germain, il faut nécessairement
» aller coucher à Eguzon, afin de partir dès le matin suivant
» pour ces différentes excursions. »

Eguzon n'est plus tout à fait aussi maussade, et les voitures n'ont plus rien à craindre de son pavé terrible.

Quant à l'esprit procédurier de ses habitants (pour employer le langage de George Sand), il est toujours aussi vivace et aussi renommé.

D'où vient le mot Eguzon ?

Dans une étude intitulée : De la signification et de la convenance des noms de lieux en Berry, et en particulier dans le département de l'Indre, M. de la Tremblais s'exprime ainsi :

« Les eaux vives ou stagnantes devaient nécessairement
» donner lieu à un très grand nombre de noms de localités :
» aussi abondent-ils sur tous les points de notre territoire. Mais
» il est très remarquable que la forme actuelle *eau* ne paraît
» dans aucun de ces noms, ou du moins qu'on ne l'y rencontre
» que très rarement, tandis que deux autres formes empruntées
» au moyen-âge, *aigue* et *effe*, se retrouvent souvent, même em-
» ployées d'une manière absolue... *aigue* ou *effe* sont des dérivés
» de *aqua*, bien que, de prime abord, pour le dernier surtout, la
» parenté semble bien éloignée.

» Parmi les noms de lieux qui en sont venus, nous citerons :...
» Aigurande, Eguzon, qu'on écrivait autrefois Aiguzon, Aigu-
» ron...

» La situation de la plupart de ces lieux sur un cours d'eau
» justifie leurs noms : dans le Bas-Berry, Aigurande et Eguzon
» semblent faire exception ; mais dans la saison des pluies, ces
» localités, à cause de la nature du sol, sont véritablement no-
» yées dans l'eau et dans la boue. »

Mémoire lu dans la séance de la Société du Berry à Paris en juillet 1866, et publié dans le compte-rendu des travaux de la Société du Berry à Paris, année 1866, p. 354 (communiqué par M. Pierre).

On a écrit, en effet, *Aiguzon* jusque vers 1835.

Eguzon est à 3 kilomètres de la Creuse, et sur une hauteur ; cependant, en hiver, toutes les caves sont pleines d'eau.

Où M. de la Tremblais fait erreur, c'est quand il place Eguzon dans le Bas-Berry.

Eguzon faisait partie de la Haute-Marche, avant 1789 ; tous les actes notariés en font foi.

Vers 1680, Louis Bellœil s'intitulait : notaire royal garde-nottes héréditaire au pays et conté de la marche pour le roy notre sire.

Jusqu'à la révolution, on écrit bourg et paroisse d'Eguzon, province de la Haute-Marche.

La carte ci-jointe dressée en 1707 par Hubert Jaillot, géographe ordinaire du roy, donne les limites du Berry et de la Marche ; on voit qu'Eguzon, Chantôme, St-Plantaire ne faisaient pas partie du Berry.

Nicolas de Nicolay, géographe et valet de chambre du roi Charles IX, donne ainsi, pour le sud, la limite du Berry :

« Puis par Fléré-la-Rivière, St-Sorlin et Aubeterre, qui
» toutes sont du Berry et près la ville de Prully qui est de Tou-
» raine, et de rechef par St-Martin de Tournon et de l'abbaye
» de Fontcombaut qui est sur la petite Creuze, jusques au Blanc en
» Berry, Bélâbre et Chablay (Châlais) et jusque à la rivière de
» Bégu (qui aujourd'hui doit être l'Abloux) qui divise le Poictou
» d'avec la Marche du Limousin, laquelle est séparée du Berry
» par le cours de la rivière de Creuse depuis Curion (Cuzion)
» jusques à l'Abbaye de Prabenoict, laquelle est de la Marche,
» combien qu'elle soit enclavée dedans le Berry. Puys retournant
» de rechef vers l'Orient, le Berry est encore divisé d'avec le
» Bourbounois par les villes, bourgs et parroisses de Parsat (qui
» est limitrophe de la Marche, Belle-Faye, etc.) »

La carte ci-jointe donne ces limites.

Quand les notaires dressaient un acte à Eguzon, Chantôme, etc., le timbre portait : Généralité de Moulins.

Quand ils se transportaient à Cuzion, Baraize ou Bazaiges, le timbre portait : Généralité de Bourges, province du Berry.

Aujourd'hui encore, quand les habitants d'Eguzon ou de Chantôme vont à Argenton ou à La Châtre, ils disent qu'ils vont dans le Berry.

Eguzon faisait donc bien partie de la Haute-Marche, quoique la plupart des auteurs qui on écrit sur le Berry s'obstinent à le placer dans cette dernière province.

Sous la révolution il fut rattaché au district d'Argenton, puis au département de l'Indre.

Eguzon est un chef-lieu de canton de l'arrondissement de La Châtre, à 41 kilomètres de cette dernière ville, à 50 kilomètres de Châteauroux, et à 4 kilomètres du département de la Creuse.

Le canton comprend 9 communes : 5 sur la rive gauche de la Creuse : Eguzon, Chantôme, Baraize, Bazaiges et Ceaulmont ; et 4 sur la rive droite : Cuzion, Gargilesse, le Pin et Pommiers.

Le chemin de fer de Paris à Agen, construit à Eguzon vers 1850, dessert la localité ; la station est à 3 kilomètres du Bourg.

De nombreuses routes, toutes construites depuis 1837, mettent le chef-lieu en communication avec les villes voisines : Argenton, 20 kilomètres ; St-Benoist, 18 kilomètres ; Orsennes, 12 kilomètres et Cluis, 21 kilomètres ; Aigurande, 26 kilomètres ; Dun-le-Palleteau, la Souterraine, etc.

La population de la commune d'Eguzon reste à peu près stationnaire. Cela tient à ce qu'un grand nombre d'habitants émigrent chaque année pour aller exercer, à Paris surtout, le métier de maçon. Quelques-uns reviennent l'hiver, rapportant le gain de la campagne ; les jeunes restent souvent plusieurs années absents ; d'autres s'établissent et ne reviennent plus.

Voici, d'après les recensements, la population de la commune à diverses époques :

En	1816	. . . .	1014	habitants.
	1821	. . . .	1338	—
	1831	. . . .	1423	—
	1851	. . . .	1626	—
	1856	. . . .	1662	—
	1861	. . . .	1594	—
	1866	. . . .	1492	—
	1876	. . . .	1618	—
	1886	. . . .	1656	—
	1891	. . . .	1659	—

Le bourg a une agglomération de 420 habitants ; elle était de 254 habitants en 1831.

Eguzon est bâti sur un plateau, et traversé par la route d'Argenton à Dun, qui forme sa rue principale, et par celle de St-Benoit à Orsennes.

Le bourg s'allonge ensuite sur une rue, masquée par la maison de M. Hastron, qui va rejoindre la route de Lourdoueix, et où se trouvent le notaire et les écoles.

Le groupe principal entoure une place assez vaste, sur laquelle sont l'église et la halle.

Outre les routes, on y rencontre deux rues principales : l'une, mal entretenue, va de la route de St-Benoit à celle de Dun, parallèlement à celle d'Argenton ; l'autre, raboteuse, étroite et sur le roc, descend, en pente raide, de la gendarmerie à l'étang, où elle rejoint la route d'Orsennes.

On y compte, y compris le faubourg du Pouzat, 112 maisons et 132 ménages, dont 70 environ ont pour chefs des individus qui ne sont pas nés dans la commune. De là une diversité de noms qu'on ne rencontre pas dans les villages ; de là aussi les jalousies et la suspicion qui accompagnent toujours les étrangers qui réussissent.

Quelques villages sont assez peuplés. La carte ci-jointe donne le nombre d'habitants par village.

Par suite de l'altitude assez élevée (301 mètres au-dessus du niveau de la mer), le climat est froid ; les hivers sont longs et rigoureux.

La majeure partie de la population se livre à l'agriculture, mais peu à l'élevage du bétail, si ce n'est de la race porcine, dont les produits, assez estimés, sont toujours nombreux aux foires d'Eguzon et des communes voisines.

L'engraissement des porcs se fait d'ailleurs assez rapidement, et leur vente est facile et rémunératrice. La race du pays est assez précoce ; mais le poids ne dépasse guère 150 kg.

Tous les propriétaires (à l'exception de 5 ou 6 qui font régir par colons ou fermiers), cultivent eux-mêmes leurs terres. Ils sont en général peu aisés. Plus de 650 ne possèdent pas plus de 5 hectares de terrain ; 80 ont de 10 à 20 hectares ; une douzaine plus de 20 ; un seul plus de 300 hectares.

Mais tous ou presque tous savent tirer du sol une grande partie de leur nourriture ; tous élèvent un ou plusieurs porcs, une ou plusieurs vaches que les enfants font paître sur les routes et les communaux.

La vente des porcs et des veaux, le lait de la vache, les pommes de terre, les haricots et les châtaignes, font vivre, tant bien que mal, plus d'un ménage.

La commune vient en aide aux moins fortunés.

Elle dépense annuellement 8 ou 900 francs pour donner

chaque dimanche du pain aux indigents (2 Kg en moyenne par individu), pour leur assurer les soins gratuits du médecin, payer les médicaments nécessaires aux malades, etc.

La commune d'Eguzon a une superficie de 2935 hectares. 320 hectares sont cultivés en froment, 220 en avoine, 20 en orge, autant en sarrazin.

Le seigle, qui naguère était cultivé en grand, n'occupe plus qu'une trentaine d'hectares. On ne le cultive guère que pour utiliser sa paille à faire des liens et rembourrer les paillasses. Autrefois les toitures en chaume en employaient beaucoup, surtout dans les villages de Chambon, Bousset, Bougazeau. Aujourd'hui, on trouve encore quelques rares maisons couvertes en paille, elles sont très vieilles, et souvent abandonnées. La tuile et quelquefois l'ardoise, remplacent partout le chaume.

La pomme de terre occupe environ 100 hectares ; la culture de la betterave (20 hectares) prend des proportions de plus en plus considérables. Il en est de même des topinambours (6 hectares), qu'on appelle pinambous et canadas, cultivés depuis peu dans le pays, et du maïs-fourrage.

10 hectares sont ensemencés en colza, 3 en chanvre et 4 plantés en vigne.

L'air vif d'Eguzon n'est guère favorable à la culture de la vigne. Cependant on en trouvait quinze hectares avant l'apparition du phylloxéra. Ces vignes ont été en partie détruites, et on ne replante plus.

Les prairies artificielles couvrent une superficie de 50 hectares environ, et les prairies naturelles près de 300 hectares.

Les coteaux des bords de la Creuse et de la Clavière, où parmi les rochers poussent les buis et les bruyères, et qui servent de pâture sept mois de l'année, occupent environ 300 hectares.

Les terrains boisés ont une superficie de 330 hectares, dont 25 en châtaigniers donnant en moyenne et en totalité 600 hectolitres de châtaignes, valant 1 fr. 50 le double-décalitre.

Les jardins occupent 24 hectares.

Enfin il y a encore 400 hectares de landes et bruyères non défrichés. Il y en avait 600 il y a 10 ans. Cette superficie va sans cesse en diminuant et le temps est proche où landes et bruyères deviendront rares.

La propriété est très morcelée ; elle comprend 6640 parcelles

(en dehors du communal du Pez Chauvet et des coteaux qui ne sont pas divisés.)

Le chemin de fer débarque annuellement 10.000 quintaux métriques de chaux et 400 de phosphate de chaux ou de superphosphate.

Les terres sont amendées, fumées ou cultivées bien mieux que les années précédentes, et les rendements sont supérieurs.

En 1892, un hectare de froment donnait en moyenne 24 hectolitres de grain du poids de 76 kg. et 25 quintaux de paille.

Un hectare d'avoine donnait 30 hectolitres du poids de 48 kg. et 25 quintaux de paille.

Les prairies naturelles et artificielles, les landes et bruyères, les coteaux, etc, dont l'ensemble forme une superficie considérable, nourrissent environ 60 animaux de l'espèce chevaline, 55 de l'espèce asine, 900 de l'espèce bovine (y compris les veaux) 140 de l'espèce caprine et 1800 de l'espèce ovine, dont les 3/4 sont tondus et fournissent une toison de 1 kg. 500 en suint.

L'espèce porcine compte 1200 individus. Enfin on trouve encore une soixantaine de ruches d'abeilles ; ce nombre va sans cesse en diminuant. Les ruches sont vieilles, mal faites, tombent en lambeaux, et semblent complètement abandonnées.

Il semble que les propriétaires ne trouvent pas assez de profit dans l'élevage des abeilles, qui ne leur donne cependant aucune peine.

PLAINES ET COLLINES

La commune d'Eguzon est limitée à l'est par la Creuse, à l'ouest par l'Abloux.

De la Creuse à l'Abloux, en ligne droite passant par Eguzon et Argentières, la distance est d'un peu moins de 7 kilomètres, savoir : de la Creuse à Eguzon, à vol d'oiseau, 2 kilomètres ; d'Eguzon à Argentières, 4 kilomètres ; de ce dernier village à l'Abloux, 600 mètres.

Entre Eguzon et Argentières comme points extrêmes, de l'est à l'ouest, soit 4 kilomètres, puis alors du nord au sud, c'est-à-dire de la limite de la commune de Baraize à celle de Chantôme, soit environ trois kilomètres 1/2, s'étend une plaine magnifique de 1400 hectares, c'est-à-dire de presque la moitié du territoire de la commune.

Le centre est occupé par le communal ou brande du Pez-Chauvet, dont il sera parlé plus loin.

Si sur la carte de la commune d'Eguzon on trace, en suivant le cours de la Creuse et la limite de Crozant jusqu'à celle de Chantôme, une ligne enfermant une bande de territoire de 2 kilomètres de largeur, d'une part ;

Puis, en suivant l'Abloux, une autre ligne à 600 mètres de ce cours d'eau, on aura approximativement le territoire occupé par les collines, dont la superficie est égale à la moitié du territoire de la commune d'Eguzon.

Ces collines sont pittoresques, surtout sur la vallée de la Creuse.

Quelques-unes sont boisées.

La plus grande partie est formée de roches énormes superposées, quelquefois inaccessibles, sous lesquelles le renard et la loutre trouvent un refuge.

Les buis y croissent en abondance, arrosés par les eaux d'un grand nombre de sources, qui filtrent claires et limpides à travers les rochers.

Les collines très élevées des bords de la Creuse descendent quelquefois en pente douce jusqu'à la rivière ; mais souvent des rochers abrupts vous opposent leur masse grise, gigantesque, où une chèvre même ne pourrait accéder.

A chaque courbe de la Creuse l'effet est des plus pittoresques, surtout si, comme à Chambon, la rive opposée s'élève à pic, tandis que celle où l'on se trouve descend en pente douce jusqu'au niveau de l'eau.

On dirait un vaste cirque dont les gradins de granit s'étagent par couches, comme superposés par des mains puissantes, sur un fonds de verdure sombre formé par les buis et couronnés, sur la crête de la colline, par des bouquets d'arbres.

C'est encaissée profondément entre ces collines élevées, que la Creuse roule ses eaux dans un courant rapide.

Les roches, attaquées par la base, descellées, s'écroulent parfois avec fracas, et obstruent le lit de la rivière. On en voit d'énormes sur tout son parcours. Les eaux se brisent contre elles avec grand bruit, les couvrent d'écume, tourbillonnent à l'entour, formant par derrière des remous tranquilles ou des tourbillons souvent dangereux.

Le bruit des eaux de la Creuse s'entend le soir d'Éguzon même, lorsque le temps est calme; on dirait, mais en petit, le bruit de la mer dans le lointain.

Les poissons de la Creuse ont la chair délicate et exquise.

On trouve en abondance le goujon, la truite, le chaboisseau dit poisson blanc, l'anguille et le barbillon qui atteint des proportions respectables.

Le saumon s'y rencontre à certaines époques; on en a pris dont le poids excédait 10 kilog.

Aussi la rivière est-elle très fréquentée des pêcheurs, qui s'y donnent rendez-vous des communes environnantes.

Si la pêche est libre sur la Creuse, il n'en a pas toujours été ainsi.

Dans l'Indre, la Creuse était divisée en 36 cantonnements; pour Éguzon:

1° Des moulins de Fougères de Chambon à celui de Bonnu . . . . 900 mètres.

2° Du moulin de Bonnu à celui de Châteaubrun . . . . 3400 mètres.

De ce dernier à celui de Gargilesse . . . . 4200 mètres. etc.

Des licences de pêche dans la Creuse étaient accordées pour 3, 6 ou 9 années consécutives, moyennant le paiement d'une taxe annuelle. — Les soumissionnaires devaient indiquer la somme qu'ils étaient dans l'intention de payer annuellement (1821).

Si on ne trouve pas d'écrevisses, dans la Creuse, en revanche, dans certains ruisseaux et dans l'Abloux, elles sont assez communes. Malheureusement quelques-uns de ces ruisseaux tarissent dans les années de grande sécheresse, et il faut ensuite un temps assez long pour qu'ils se repeuplent.

Le gibier abonde dans les coteaux où la chasse est très difficile; cependant le lapin, qu'on y rencontrait fréquemment, a à peu près disparu. La vipère, en revanche, y est commune; on la trouve ordinairement dans les pierres, à la base des roches, surtout s'il y a un filet d'eau. Sa morsure est très redoutée.

CHASSE AUX ALOUETTES. — Le vaste communal du Pez-Chauvet, naguère encore peu défriché et couvert d'ajoncs et de fougères est peu giboyeux; peu ou point de perdrix; quelques lièvres; en revanche assez de cailles; quelques bécassines, ramiers et autres oiseaux de passage à la saison.

Cependant, en hiver, on y trouve des alouettes en quantité.

On sait que ces oiseaux voyagent par bandes considérables.

Dès que la neige recouvre le sol, beaucoup de gens de tout âge et de toute condition, partent à la chasse aux alouettes.

Ils balayent la neige par lignes et tendent des cordes munies de lacets de crins, puis rabattent le gibier dans le champ où sont tendus leurs filets.

Depuis quelques années, on emploie un autre procédé qui donne, paraît-il de meilleurs résultats, et qu'on utilise, en temps ordinaire, et non en temps de neige.

Ce procédé consiste à faire un nombre considérable de fosses peu profondes avec une pelle; dans chacune on plante un piquet muni d'un crin.

Dès qu'on a pris plusieurs alouettes, on les conserve vivantes, et on leur attache une longue corde à la patte. On tire de temps en temps la corde pour faire voltiger et chanter les alouettes. L'oiseleur est d'ailleurs muni d'un appeau.

Ces alouettes captives en attirent beaucoup d'autres, et la chasse est des plus fructueuses.

La douzaine d'alouettes ne se vend pas moins de 1 fr. à 1 fr. 20.

La commune d'Eguzon a été délimitée et divisée en quatre sections, ainsi que l'indique l'acte ci-après dressé le 16 mars 1791.

DIVIZION DE LA PAROISSE EN QUATRE SECTIONS DU 16 MARS 1791

Aujourd'huy seize mars mil sept cent quatre vingt onze au Bourg et paroisse d'Eguzon au secrettariat de la municipallité du dit Eguzon, nous Jean Silvain Delanoue, Antoine Million, pierre Bernard, Léonard poitrenaud, Louis Vallet et Jean Delaigue sur le requisitoire de françois Perrusseaud procureur de la commune de la ditte municipallité d'Eguzon en exécution de l'article premier du titre deux de la loy concernant la contribution foncière du premier décembre mil sept cent quatre vingt-dix et du décret de l'Assemblée nationale des vingt-deux et vingt-trois novembre dernier sommes assemblé pour procéder au nouveau tableau judicatifs du nom des différantes divizions à faire du territoire de cette paroisse et municipallité d'Eguzon.

Et après avoir délibéré sur les différentes divizions nécessaires, estre faite de la ditte paroisse nous avons arresté que la ditte paroisse serait divizé en quatre parties ou sections ainsy qu'il suit.

Première section. — A.

Cette section prendra à l'issüe du ruisseaud quy désssend de l'étang de la Clavière en remontant du costé du midy à droitte et suivant la rivière de Creuze jusqu'à un petit ruisseaud quy tombe dans la ditte rivière et quy vient des prés et paturaux dutheil tirant à un Buisson quy divize le pré de Silvain poirier dans sa terre tirant à un charpre quy est au bou du dit Buisson tirant à la fontainne dutheil de la ditte fontaine tirant à une chavaille quy conduit à une Borne quy fait séparation d'entre les terres de la Veuve Auroy et Silvain poirier de la ditte borne à une autre borne quy sert de même divizion et au sentier qui vat du village de la feste au grand moulain et suivant le dit chemain jusqu'au grand chemain du Chatellier à la Chapelle de la suivant ledit grand chemain jusqu'à l'étang tary dudit étang tirant à droitte ligne à celluy du mauvais pas de la suivant le Ruisseaud quy sort dudit étang jusqu'à la planche du Ruisseaud des prades de la au chemain du Bourg d'Eguzon à Parchimbaud de la suivant le dit chemain jusqu'à celluy de Chantosme au Bougazeau dudit chemain suivant les fossé et Buissons quy divize les terres de la maizon de la Nouzillière d'avec les Bois gorces Et terres de la métairie de l'age lorent jusqu'au ruisseau quy vient du Bourg de Chantosme tombant dans l'étang de la Clavière et dudit Etang suivant le ruisseau quy en sort jusqu'à laditte rivière de Creuze et jusqu'à l'issue dudit ruisseaud tombant de laditte rivière de Creuze dans lesquelles limites de cette première section sont enclavé les villages de Fressigne, celuy de

Lavaud, celluy de Chambon, celluy de Messant, celluy de la Feyte, celluy de Bougazeau, celluy de Bord, la maizon de la Nouzillière et celle de la Clavière.

Deuxième section. — B.

Cette section commencera à prandre à l'issuë du petit ruisseaud appelé de Chavenière quy dessend de la pescherie des Landes d'Eguzon tombant dans le ruisseaud de l'étang de la Clavière et remontant du costé du midy à droitte et suivant le dit ruisseaud de l'étang de la Clavière jusqu'à peu prest le millieux dudit étang de la Clavière Et ensuitte tirant du costé du couchant suivant un petit ruisseau quy dessend du grand prés de la métairie de Cros dudit prés suivant une haye et fossé qui fait séparations des pasturaux de la maitairie de Cros En cette paroisse d'avec ceux de la métairie de la grande couture en la paroisse de Chamtosme dudit fossé tirant à droitte ligne au champ appellé delhorme des salles suivant le fossé quy divize ledit pastural delhorme d'avec celluy de pijaud dudit fossé au Cailloux de Chavenière dudit Cailloux au chemain quy va d'Argenton à Chamtosme et à la forest nationale appelée de fessot, Et ensuitte suivant ledit grand chemain toujours à main droitte jusqu'à la goutte appelé des pliasscret de la Brande d'Eguzon de la ditte goutte dessendant à la pescherie des Brandes de la ditte pescherie suivant le ruisseaud quy dessend d'icelle jusqu'à son issuë tombant en celluy de lavaud ou de l'étang de la Clavière.

Dans les limittes de cette deuxième section sont enclavés les villages de Bousset, les maisons du Précallet le village de Charchet, celluy de Séjallat, celluy de Cros, celluy de Chavenière et la maison de la Brodière.

Troisième section. — C.

Cette section commancera à l'issuë du ruisseaud quy dessend de la fontaine de la Baricolle tombant en la rivière de Creuze remontant à droitte du costé du midy et suivant laditte rivière de Creuze jusqu'à l'issuë du ruisseaud de l'étang de la Clavière et suivant ledit ruisseaud toujours à droitte jusqu'à l'issuë du ruisseaud quy dessend de la pescherie des Brandes et ensuitte suivant ledit ruisseaud de la ditte pescherie des Landes jusqu'à icelle ditte pescherie de la ditte pescherie suivant la goutte apellée les pliasserets des Brandes d'Eguzon jusqu'à la forest nationalle apellée de fessot et grand chemain quy va de la ville d'Argenton au bourg de Chamtosme et quy passe par la ligne suivant le dit grand chemain à l'étang du pechovet et du dit Etang suivant le même chemain jusqu'au grand chemain quy va du bourg d'Eguzon au village de la Ligne et à la goutte mathé tirant au fossé quy fait séparation du pastural de la métairie de Mongouery d'avec la Brande du pechovet de la suivant le dit fossé jusqu'au quart du pastural dépendant de la métairie du Bochetaux apellée la goutte milliot de la tirant à droitte ligne au grand chemain quy vient du bourg de Bazaige à Eguzon du dit chemain tirant à droitte ligne dans la Brande à la fontainne de la Baricolle de la suivant le ruisseaud qui dessend de la ditte fontainne jusqu'à la rivière de Creuze.

Dans les limites de cette troizième section y sont enclavés le village d'Eguzonnet, le bourg d'Eguzon, la maizon du Pouzat, la maizon du Pechovet, la maizon du Breuille lacros, le villages des jariges la maizon de la Lande celle de la verrière et le moulain de l'étang.

Quatrième et dernière section. — D.

Cette section commancera à prendre à l'étang du Pechovet au chemain quy vient du village de la Ligne allant au bourg de Chamtosme et suivant le dit chemain à droitte et du costé du midy jusqu'au pillory des Rivailles et suivant le bord et passé de la forest nationale apellée de fessot jusqu'au quart de la ditte forest au grand chemain de peuguffié à Chamtosme et suivant le fossé qui divize la ditte forest d'avec la Brande et communal du village d'anguinié suivant le dit fossé jusqu'à la croix Ced Languedoc tirant au quart du pastural de la métairie de peuguffié suivant le dit fossé jusqu'au jordain de Catherinne Vallet suivant le buisson du dit jordain d'avec la terre de Louis Vallet au chemain et avec Borne quy est dans ledit chemain au devant de la maizon de Catherine Vallet tirant à une autre borne placée au mellieux du chémain au devant de la maison de Louis Vallet suivant ledit chemain du dit village de peuguffié à St-Benoist à la rivière d'Abloux au gay du Baux suivant la ditte rivière d'Abloux jusqu'à l'issuë du ruisseaud de l'étang Delacoux tombant en la ditte rivière d'Abloux suivant ledit ruisseaud en montant jusqu'au sentier quy va du grand Chezelle aux villages d'Argentière et des Lignières, suivant ledit sentier jusqu'au champ apellé de la Bouige apartenant à Silvain Dejoye tirant à droitte ligne au pastural apellé de la thuillerie, dépendant de la métairie de peuraud, suivant le fossé quy divize le dit pastural d'avec les terres du village de Lacoux jusqu'au grand chemin quy vat du village de la Ligne à Argentière, suivant le dit grand chemin jusqu'à la planche du ruisseaud Cabret de la ditte planche suivant le ruisseaud quy dessend de l'étang du Pechovet jusqu'au dit Etang.

Dans les limittes de cette quatrième et dernière section y sont enclavé les villages de la Ferrière, peuguffié, le moulin de Breuilgenest, la maison du roché, le village d'Argentière, les Lignières et peuraud.

Fait et arresté le présant tableau par nous officiers municipaux susdit le dit jour et an que dessus après nous estre transporté sur les dittes sections et avoir vuë-vizitté les joutte et limittes des quatre différantes sections et avoir pris nottes sur les lieux des dittes joutes et limittes avec MM. les officiers municipaux de Crozant, Chamtosme, Saint-Sébastien, Bazaige et Baraize. Et avons arresté que le présant tableau sera luü publié et affiché tant à la grande porte et principale entré de l'églize de cette paroisse à jour de dimanche issuë de la messe paroissialle qu'à celle du secrettariat de notre municipallité et nous sommes soussigné avec notre secrettaire greffier sauf le dit Pierre Bernard quy a déclaré ne séavoir.

Signé : Delacou, Million, Delaigues, Poitrenaud, Perussaud, Cujas secraitaire greffié.

ANCIENNES FAMILLES

En dehors des registres de l'état-civil, qui remontent au commencement du XVIII° siècle, on ne trouve rien dans les archives de la commune qui puisse nous instruire sur les événements qui ont pu se passer à Eguzon avant cette époque.

Il n'y a trace des délibérations du conseil municipal que vers 1816 ; et encore sont elles rares et écrites sur des feuilles volantes, dont beaucoup se sont égarées.

Ce n'est donc que dans les archives des notaires que j'ai pu mettre à jour quelques renseignements intéressants ; et aussi dans certains ouvrages anciens qui m'ont été communiqués par M. Pierre.

Mes recherches n'ont pu évidemment se porter que sur les principales familles du pays, dont j'ai pu établir, tant bien que mal, la généalogie.

J'y ai ajouté les documents que j'ai pu découvrir de façon à former une certaine suite à ce travail jusqu'à la Révolution de 1789.

Les seigneurs d'Eguzon font pâle figure ; leur histoire est courte. Leurs propriétés passent aux mains des Foucaud de St-Germain-Beaupré, et finalement aux Chamborant de la Clavière, qui possèdent alors la plus grande partie du territoire de la commune.

Les Galland des Lignières et des Jarriges, dont l'origine est inconnue (1) tiennent aussi leur place dans l'histoire du pays, bien qu'à un rang inférieur.

Voici, avec une légère description de l'état actuel des lieux, tous les renseignements que je possède sur ces anciennes familles.

---

(1) Un Galand, fabricant de tapis à Aubusson, anobli au XVII° siècle, pourrait bien être l'ancêtre de cette famille.

CHATEAU D'ÉGUZON

Dans sa notice sur Crozant, Châteaubrun et Gargilesse M. Fauconneau-Dufresne dit quelques mots sur le château d'Eguzon.

« On y voit les restes d'un ancien château, des murs en rui-
» nes, des tours couvertes de lierres, des traces de fossés, des
» entailles d'un pont-levis. »

Le dessin ci-joint donne une idée des ruines actuelles de cet ancien château.

L'emplacement n'est pas des plus pittoresques ; ces ruines n'ont rien d'imposant, et ne frappent pas l'imagination comme celles de Crozant et de Châteaubrun ; aucun peintre n'est tenté par l'aspect.

Un fossé circulaire, de 10 mètres en moyenne de largeur, existe encore ; l'hiver il est plein d'eau ; l'été l'herbe y pousse drue et serrée.

Une seule tour a résisté aux ravages des temps et à la rancune des destructeurs. Elle est de médiocre hauteur ; son toit rond est couvert en bois ; elle est surmontée d'une girouette représentant un homme à cheval.

Toutes les autres tours et elles sont nombreuses, ont été décapitées et sont comblées de terre ; dans presque toutes on a planté des arbres, et les ronces y poussent avec profusion.

Au centre s'élevait la demeure du seigneur ; il n'en reste plus trace ; tout a été démoli à une date inconnue ; probablement sous Louis XIII.

Un château moderne en occupe la place.

L'ancien château renfermait une chapelle. Le fils d'un seigneur d'Eguzon, de Rance, tué par le seigneur de Crozant, aurait été enterré dans la chapelle du château (au XVe siècle). — (Ce dernier renseignement, puisé dans une chronique de la Marche, pourrait bien ne pas être exact, attendu que les de Rance ne semblent avoir habité Eguzon que vers 1495.)

SEIGNEURS D'ÉGUZON [1]

Eguzon était une dépendance de la maison de Brosse, dont le château est près de St-Benoit.

Armes : d'azur, à 3 gerbes d'or 1 et 2.

En 1080, Bernard 1er, vicomte de Brosse, possédait la Haute-Marche.

Au XII° siècle, Guillaume de la Marche, chevalier seigneur d'Eguzon, fait don au prieuré de Longefont d'une rente de deux setiers de froment, deux de seigle et deux d'avoine à prendre sur les terrages d'Eguzon.

Hugues 1er, marié en 1230 à Guiburge, fille unique d'Hélie. seigneur de Ste-Sévère, laissa deux fils ; dont Hugues II, vicomte de Brosse, seigneur d'Argenton, de Dun-le-Palleteau, Château-Clop, la Motte-Feuilly, *Eguzon* et Azerables.

Hugues II se maria avec Isabelle de Déols, puis avec Aénor de Brenne (ou Ainore de Brissac).

Il donna en 1279 à la prévoté de St-Benoît-du-Sault les hommes et les femmes qui viendraient sur ses terres.

Il fit publier un ban par lequel il permettait à tout individu de venir habiter St-Benoit en lui payant une mine d'avoine et une poule.

Le parlement de Paris lui ordonna de révoquer ce ban en 1281.

Son fils fut Guillaume de Brosse, (1304) qui eut deux enfants L'un Hélie, le plus jeune, reçut les terres du Château-Clop, *Eguzon* et Azerables.

De la maison de Brosse, la seigneurie d'Eguzon passe à celle de Gaucourt.

Armes : d'hermine à 2 bars adossés de gueules.

---

[1] D'après une note communiquée par M. de Maussabré, Eguzon appartenait à une famille de ce nom au XII° siècle ; à celle de Brosse en 1326 ; à celle de Prie en 1370 ; à celle de Maleval en 1393 ; puis aux de Brosse de Ste-Sévère en 1421 ; puis aux Rance de la Chapelle-Baloue en 1495.

Une partie de ces renseignements est en contradiction avec ceux que j'ai puisés dans certains ouvrages anciens : Palet, de Beaufort, etc.

Un des plus importants de cette famille est Charles de Gaucourt, Argicourt, Château-Brun, Naillac, Audivies, vicomte d'Aix, bailli et gouverneur de Picardie, lieutenant général pour le roi en la ville de Paris et Isle de France, et conseiller chambellan de sa majesté, maréchal de France (vers 1450).

Il était marié à Colette de Vaux, et fils de Raoul de Gaucourt, grand maître de France, et de Jeanne de Preuilly.

Charles de Gaucourt rendit de très grands services à Charles VII et à Louis XI.

Ce dernier lui accorda l'amende et confiscation de messire Hugues de Chamborant, chevalier, sieur de Lavau, et de François de Chamborant, son fils, à cause des meurtres et excès commis par eux.

Pierre de Bourbon, comte de Clermont et de la Marche lui accorda en 1480 l'usage et chauffage de bois mort et mort bois en ses forêts de Fessot et Murat, et du bois pour bâtir et édifier en sa maison de Château-Brun et Aiguson, sa vie durant, et à Charles de Gaucourt son fils.

Ce dernier épousa Anne de Bar, puis Marguerite de Blanche-Fort.

Les de Gaucourt s'allièrent aux Tiercelin de Rance, seigneurs de la Chapelle-Baloue, et Eguzon passa à cette dernière famille.

En 1495, Jean de Rance était seigneur de la Chapelle-Baloue et d'Aiguzon.

En 1520, Antoine de Rance, fils du précédent, épousa Renée Vigeron, fille de feu Louis Vigeron, seigneur d'Aunay et d'Aliénor de Brizay.

En 1563 Hélion de Rance donne sa fille, Gabrielle de Rance en mariage à Gaspard Foucaud seigneur de Saint-Germain Beaupré.

Les Foucaud porteur d'azur, semé de fleurs de lys d'or.

Gaspard Foucaud embrassa le parti de Henri IV et devint le chef des Huguenots de la Marche. Il fut tué en voulant forcer l'abbaye d'Ahun, en 1591.

Vers 1621, François Foucaud, seigneur d'Eguzon, épousa en Flandre Anne Van der Sabre.

Il mourut simple volontaire à l'armée du roi en Flandre.

Il eut un fils, Nicolas Foucaud qui eut Gabriel, comte de Daugnon. (1)

En 1644, la terre et seigueurie d'Eguzon fut acquise par Etienne de Chamborant, seigneur de la Clavière, qui posséda alors la plus grande partie de la commune d'Eguzon.

En 1731, la seigneurie d'Eguzon et celle de la Clavière passèrent aux mains de messire Martial Morel de Fromental. *(Voir la Clavière)*.

« La maison des Foucault, dont il est question ci-dessus, est
« une des premières de la Marche par ses illustrations, sa vieille
« noblesse, ses alliances et ses possessions. Elle remonte à
« Hugues III de Lusignan, dont sont issus les rois de Chypre et
« de Jérusalem.

« Plusieurs membres de cette famille furent gouverneurs de
« la Marche.

« En 1605, Henri IV coucha dans le château de Saint-
« Germain ; il était accompagné de 60 personnes.

« En 1652, mademoiselle de Montpensier, fille de Gaston
« d'Orléans, y fut exilée.

« Le château est une superbe construction flanquée de cinq
« tours formant pentagone.

« Il appartient aujourd'hui à M. Berthomier, qui l'a res-
« tauré. » (Ambroise Tardieu.)

(1) Un acte notarié porte : Gabriel Foucaud, seigneur de Saint-Germain Beaupré, légitime administrateur de Gabriel de Rance, son fils, donataire de feu Maximilien de Rance, chevalier, seigneur d'Eguzon. (Étude Dauthy)

En 1674, dame Esther Foucaud cède à Maximilien de Rance « tous les cens, rentes et devoirs dus à la seigneurie de la Chapelle, sur le village de Lavault, paroisse d'Eguzon.

VENTE DU CHATEAU D'ÉGUZON

En 1791, M. Martial Cézar Morel de Fromental et demoiselle Marie-Claude Bocher, son épouse.

Vendent à M. Denis-Louis-Joseph Robin de Scévole président du district d'Argenton et à dame Marie Jannebon son épouse :

L'ancien manoir et château d'Eguzon, consistant en chambre, cave, grenier, etc., vaste cour et jardins autour, le tout environné de vieux murs, tours et fossés, un grand jardin situé près le pont dudit château sur lequel on passe pour entrer en icelluy.

Plus un étang appelé le petit étang d'Eguzon, une garenne, les maitairies d'Eguzonnet, de la Verrière, de Péguéfier, le moulin du Breuil-Genest, ceux de l'étang, de Chambon, de Fougères, la tuilerie d'Eguzon, la halle, le marché et four en dépendance, etc.

Moyennant cent deux mille livres, dont 64,990 payées comptant. *(Etude Dauthy)*.

M. Morel, paraît-il, aimait un peu trop les cartes. Ayant perdu ce qu'il avait sur lui, il joua le château d'Eguzon avec les dépendances à M. de Scévole, qui le gagna.

M. de Scévole se défit peu à peu de cette propriété. Il vendit d'abord les maitairies ; mais les terres étaient à cette époque à très bas prix. Plusieurs domaines furent achetés sur le prix de cinq francs les 8 ares (la boisselée) ; tandis que l'arpenteur prélevait une quinzaine de francs d'honoraires pour la même superficie.

Le château fut vendu vers 1822 à M. Joseph Delacou, dont une fille, Delacou Pauline épousa à Eguzon, en 1842, M. Joseph-Alexandre Huart, notaire à Argenton, fils de Jacques-Joseph Huart, ancien officier de cavalerie et de Marie-Anne Blanchard.

La famille Huart possède encore aujourd'hui le château d'Eguzon, mais ne l'habite qu'accidentellement.

On dit qu'elle cherche à s'en défaire.

CHÂTEAU DE LA CLAVIÈRE

De l'antique château de la Clavière, situé au sud de la commune d'Eguzon, près du département de la Creuse, il ne reste qu'une tour carrée avec créneaux, recouverte de lierre, et une ancienne chapelle qui se trouve aujourd'hui dans la nouvelle construction.

Il était situé sur la crête d'une colline de plus de 40 mètres de hauteur, dont le pied est baigné par le ruisseau de la Clavière, qui a sa source près de Chantôme.

A la base de la colline se trouve un étang, alimenté par le ruisseau ; le trop plein s'échappe sur des rochers par une cascade de 5 à 6 mètres de hauteur.

Le propriétaire actuel, M. de Laire, a utilisé cette chute d'eau ; au moyen d'un bélier hydraulique, il fait remonter l'eau jusque dans la cour du château, c'est-à-dire à une hauteur de 42 mètres.

Le château de la Clavière, de dimensions considérables, (68 mètres de long et 12 mètres de large) et couvert en tuiles, est construit sur l'emplacement de l'ancien. Il ressemble, comme le dit M. Fauconneau-Dufresne, à un couvent ou à une caserne. Il est entouré de bois de hêtres ou de châtaigniers, et a un aspect des plus pittoresques.

La seigneurie de la Clavière appartenait encore, en 1367, à la maison de Forges.

Vers cette époque, Marguerite de Forges, dame de Droux, *la Clavière*, Vauzelle, la Mazerolle, épousa

1. — Pierre de Chamborant, et lui apporta en dot les terres de la Clavière.

La maison de Chamborant est l'une des plus considérables de la Haute-Marche. Elle a pour berceau le château de Chamborant (Creuse), dont il reste de superbes ruines.

Armes : d'or au lion de sable armé et lampassé de gueules.

Les successeurs de Pierre de Chamborant furent :

2. — Foucaud de Chamborant,

3. — Brangon de Chamborant,

4. — Galand de Chamborant, seigneur de la Clavière, d'Orsennes, etc. marié à Eléonore de Rochechouard, il fut tué à la bataille de Poitiers, en 1356.

5. — Charles de Chamborant marié à Marguerite de Pierre-Buffière.

(Pierre-Buffière porte de sable, au lion d'or, lampassé de gueules.)

6. — Foucaud de Chamborant, marié à Jacquette de Cluis, qui eut Jacquette de Chamborant, qui épousa Jean de Menou, dont la fille, Catherine de Menou se maria à Claude de La Châtre.

7. — Jacques de Chamborant, marié à Marguerite Chauvet.

(Chauvet porte d'argent à 4 fasces d'azur et 3 merlettes de gueules sur l'argent).

Ce fut Jacques de Chamborant qui obtint de Guy III de Chauvigny, seigneur de Châteauroux, l'autorisation de reconstruire l'ancien fief de La Clavière (1464).

8. — Guyot de Chamborant se signala à la bataille d'Agnadel en 1509. Louis XII l'arma lui-même chevalier sur le champ de bataille.

Il épousa Françoise de Saleignac de la maison de Maignac.

(Saleignac porte bandé d'or et de sinople de 6 pièces).

9. — Gaspard de Chamborant, chevalier, sieur de la Clavière, baron d'Azay-le-Ferron en Touraine, né vers 1506, fut tué au siège de Laon. Il avait épousé Louise de Reilhac, baronne d'Azay. (C'est probablement le 1er des Chamborant qui habita la Clavière.

(Reilhac porte de sable à l'aigle d'or).

10. — Jean de Chamborant, marié à Anne de Razès fille de Jean de Razès, sieur d'Orsennes.

(Razès porte d'argent et de gueules de 6 pièces au chef d'or).

11. — Jean de Chamborant, marié à Gabrielle de Chamborant.

12. — Etienne de Chamborant, seigneur de la Clavière, Puy-Laurent, épousa en 1605 Marie Philippe dont il eut quatorze enfants. Il fut plus tard gouverneur de Philisbourg. Il acquit la terre et seigneurie d'Eguzon en 1644.

L'acte en fut produit en 1670 devant M. d'Hozier pour la

réception de Pierre de Chamborant son fils parmi les Pages de la grande écurie du roi.

Etienne de Chamborant se distingua au service de Louis XIII et de Louis XIV. Richelieu et Mazarin l'avaient en grande estime.

Une de ses filles, Isabelle de Chamborant, épousa Paul de Bridiers (1670), chevalier, baron de St-Julien, etc. (Voir les de Bridiers au château des Jarriges).

Une autre, Anne de Chamborant se maria avec Charles du Bost du Breuil, sieur du Broutet, de la Chaume, du Peux, de Gargilesse. (Voir plus bas).

Un de ses fils, Claude de Chamborant, entra dans les ordres, il fut abbé de Drussertille ?

Un acte de naissance dressé à Chantôme, en 1667 porte : A été parrain haut et puissant seigneur vénérable messire Claude de Chamborant de la Clavière, abbé de Drussertille (?) et marraine Demoiselle Marie Agnès Tiercelin fille d'honneur de la reine, fille de haut et puissant seigneur messire Jean de Tiercelin de Rance, chevalier, seigneur de la chapelle Baloue, le Chastelier, Fleurant, la Pouge, St-Sébastien, Le Mont, Bazelat et autres places, et de haute et puissante dame Jeanne Marie Herpin.

13. — Pierre de Chamborant, baptisé à Eguzon le 31 mars 1655, épousa Diane de Gentil (1679). Il se qualifia capitaine de cavalerie dans le régiment de Rorthé.

(Gentil porte d'azur, au chevron d'or accompagné de 3 roues de Ste-Catherine de même, 2 en clef et 1 en pointe, à l'épée d'argent posée en pal, la pointe en haut, brochant sur le tour.

Les seigneurs de la Clavière devinrent à cette époque seigneur d'Eguzon ainsi que je l'ai dit ailleurs (voir château d'Eguzon).

Pierre de Chamborant plaça la seigneurie d'Eguzon sous la suzeraineté du seigneur d'Aigurande, ainsi qu'en fait foi l'acte ci-dessous :

Foy hommage. — « Par devant les notaires garde-nottes
» du Roy à Montargis, soussignés, fut présent haut et puissant
» seigneur messire Pierre de Chamborant, chevalier, marquis de
» la Clavière, seigneur d'Eguzon, Puislorant, Villemandeur, et

» autres lieux, demeurant en son château de Villemandeur près
» Montargis.

» Lequel a constitué et fait son procureur général et spécial
» M. Benoist Bastide, sieur des Thuilleviers, son intendant en
» ses affaires, demeurant au château de la Clavière, pays de la
» Haute-Marche, auquel il a donné pouvoir de pour et au nom
» du dit seigneur constituant se transporter au lieu et seigneurie
» de la terre d'Aigurandette, appartenant à Monsieur le comte
» de Bregy (très haut et très puissant seigneur Jean-Baptiste
» de Fleuilles, chevalier, seigneur comte de Bregy, vicomte de
» Corbeille, Flenolles, Aigurande, Aigurandette, sire d'Aigu-
» rande en la Marche et partie de Cluis dessous).

« Et là pour et au nom du dit seigneur constituant, porter la
» foy hommage au dit seigneur comte de Bregy, de la dite terre
» et seigneurie d'Eguzon appartenant au dit seigneur constituant
» relevant en plein foy et hommage de la dite seigneurie
» d'Aigurandette, etc.

» Bailler et fournir au dit seigneur comte de Bregy les aveux
» et dénombrements de la dite terre et seigneurie d'Eguzon. —
» Fait et passé au dit château de Villemandeur le 24 février
» 1712. »

14. — Jean de Chamborant épousa Anne de Marsange.

(De Marsange porte d'argent à trois merlettes de sable).

En 1680, Elisabeth de Chamborant se maria à Melchior de Bonneval.

15. — Pierre de Chamborant épouse en 1700 Anne Lefort.

16. — André Claude de Chamborant, (dernier seigneur d'Eguzon), lieutenant général, propriétaire d'un régiment de hussards de son nom, sieur de Droux, La Clavière, d'Aiguzon, Villemandeur, Puylaurent, gouverneur de Montmorency, épousa en 1728 Anne Moret de Bourneville. Il mourut en 1756.

Il eut André Claude de Chamborant, né à Paris en 1732, lieutenant général d'armée, colonel, propriétaire du régiment de cavalerie hongroise de son nom, qu'il acquit du comte Turpin son parent (de la famille des Tiercelin de Rance) ; il mourut en émigration en Bavière en 1805.

Il était marié à Marie-Julie de Vassal.

Une de ses filles, Jeanne Julie Thérèse de Chamborant épousa en secondes noces le comte François de Moynier, lieutenant colonel de hussards qui eut pour fils Elzéar Félicité Moynier de Chamborant, marié en secondes noces à Célestine Henry.

ANARCHISTE. — Un membre de la famille Henry, Emile Henry, est l'auteur de l'attentat contre l'hôtel Terminus.

Avant de passer aux successeurs des Chamborant, au château de la Clavière, voici quelques renseignements (pris sur les registres de l'état-civil) qui m'ont été fournis par M. le Curé de Gargilesse, sur les seigneurs de Gargilesse, alliés aux Chamborant.

1. — J'ai dit plus haut que Anne de Chamborant épousa Charles du Bost du Breuil, seigneur de Gargilesse ; ce dernier mourut en 1672.

(Du Bost porte d'azur au chevron d'or accompagné de 3 glands avec leurs coupettes de même).

Puis viennent :

2. — Etienne du Breuil du Bost, marié à Marie Chezeau.

3. — Louis Charles, époux de Olympe de Chevigné.

(En 1808, Frédérique Olympe-Charlotte du Breuil du Bost de Gargilesse était religieuse hospitalière à Beaufort (Maine-et-Loire).

4. — Louis Charles Pierre, marié à Marie Dorsane.

5. — Antoine Charles, marquis de Gargilesse, marié à Joséphine de Scévole.

6. — Louis Gustave, comte de Gargilesse, marié à Catherine Isabelle de Barral ;

7. — Ce dernier eut Marie Thérèse du Breuil du Bost, qui épousa le vicomte de Montsaulnin, propriétaire actuel du château de Gargilesse.

LES SUCCESSEURS DES CHAMBORANT

En 1731, les châteaux de la Clavière et d'Eguzon passèrent à Messire Martial Morel, chevalier, baron de Fromental, Montaudeux, ancien chevalier au régiment d'Aunis, lieutenant des maréchaux de France, époux de Anne Maran, tante maternelle du général Bertrand, qui eut pour fils Mathieu Morel de Fromental.

Une de ses filles, Marie-Angélique Morel de Fromental épousa en 1769 Pierre Garat écuyer, sieur de St-Priest.

Le 8 germinal an IX, le citoyen Louis Guérin Honoré Vincent Bonnaventure Morel de Fromental, épousa Marie de Seiglière, née à Boyry, commune de la Celle Dunoise, fille de François Arnau de Seiglière, habitant aussi la Clavière.

(La Celle-Boyry porte d'argent à l'aigle éployée d'azur, béquée et membrée d'or).

Ce Louis Guérin devait paraît-il se marier avec une châtelaine des environs d'Eguzon. Cette dernière ne lui pardonna jamais cet abandon, d'autant moins qu'elle était enceinte de ses œuvres. Quelques temps après ce mariage, elle se rendit une nuit au château de la Clavière, avec des domestiques, et essaya d'y mettre le feu.

On s'en aperçut à temps, et les dégâts ne furent pas bien considérables.

Louis Guérin eut pour fils Martial Alexandre Morel, né à Eguzon en l'an X ; et Gabriel Morel de Fromental né en l'an XI.

Louis Guérin Honoré Vincent Bonnaventure mourut à Eguzon en 1845. Il avait été capitaine commandant au régiment de Bassigny.

Anne Gabrielle Morel de Fromental épousa à Eguzon en 1826 Jacques Martial Mathurin Chaud, de Montmorillon, fils de Messire Jacques Chaud chevalier, seigneur de Lénet, ancien officier des gardes françaises, et de feu Marie Victoire Morel de Fromental. — Chaud de Lénet devint propriétaire de la Clavière.

Sa fille épousa M. de la Salvanie qui eut en dot le château de la Clavière.

Le château, avec ses dépendances fut ensuite vendu et acquis par MM. Mulon, Coursier, Massicot, (père du gouverneur de la Tunisie), qui le revendirent à M. Delaunay en 1862.

Le 11 août 1864, M. Coursier écrit au Maire d'Eguzon, de Herry (Cher) :

Par suite de renseignements inexacts, j'ai vendu à M. Delaunay ma propriété de la Clavière ; ce Monsieur est tout à fait insolvable, d'une moralité équivoque, et une tête à l'envers. Je n'ai pas reçu un sou sur cette propriété, et je viens d'apprendre qu'elle est saisie. C'est un avantage pour moi, en tant que cela m'assure que M. Delaunay ne pourra plus vendre en détail ni toucher au bois sans encourir la prison, etc.

Philippon Mathieu en devint ensuite propriétaire, vers 1865.

Enfin depuis 1868 il appartient à Mme Duhamel Julie St-Yves Berthe, épouse de M. de Laire.

(La famille de Laire est originaire d'Auvergne. Un frère de M. de Laire fut préfet de l'Indre.)

J'ai parlé ailleurs de M. Morel de Fromental.

Voici un fait qui m'a été raconté et qui remonte à la Révolution.

A cette époque, les céréales étaient rares dans le pays ; on allait loin pour trouver quelques mesures de froment, ou plutôt de seigle.

Il paraît cependant que le château de la Clavière en renfermait des quantités considérables.

Il fut décidé qu'une perquisition serait opérée dans le dit château. Mais le secret n'en fut pas gardé.

Le seigneur de la Clavière, informé à temps, fit jeter tout son blé dans l'étang situé au pied du château, et recouvrir le tout de pierres et de terre.

Quand on visita le château, on n'y trouva plus rien.

M. Morel de Fromental fut emprisonné pendant la Terreur, (voir 1789.)

Il fut un des signataires des cahiers de la noblesse de la sénéchaussée de Guéret.

ANCIENNE CHAPELLE

Notre-Dame de la Clavière

Le château de La Clavière possédait une chapelle dont je n'ai pu découvrir l'origine. On en voit encore aujourd'hui les ruines.

Vers la fin du XVII⁰ siècle, la chapelle fut frappée d'interdit, pour des causes inconnues.

Cet interdit fut levé en 1693, par sentence de M. Jean Lelarge, vicaire général et official ordinaire de l'archevêque de Bourges.

Ladite sentence fut rendue à la requête de messire Pierre de Chamborant, seigneur de la Clavière, qui fit valoir combien il était difficile à sa femme malade et à sa mère âgée de 80 ans, de se rendre, vu le mauvais état des chemins, à l'église paroissiale, distante d'une lieue et demie, et conformément aux conclusions du procès-verbal d'enquête dressé par M. Gay, archiprêtre d'Argenton, et M. le Prieur de Champtosme, d'où il résulte que la chapelle est suffisamment réparée et munie de livres, vases et ornements sacrés, pour la célébration de l'office divin. (*Commun. par M. Pierre J.*)

La même année, le seigneur de la Clavière fonda une rente de 25 livres pour honoraires du curé d'Eguzon, ainsi qu'en fait foi l'acte suivant :

« Le 16 febvrier 1693, au chastel noble de la Clavière, Pierre de Chamborant et Anne Lefort son épouse.

Désirant entretenir l'ancienne fondation, faitte à la chappelle de leur dit château de la Clavière, par leurs auteurs et prédécesseurs comme il avait été fait jusqu'au jour 22 may 1690 dans le cours de la vizitte de monseigneur l'Ilustrissime et Reverendissime patriarche archevesque de Bourges, primat des Acquittaines conseiller du Roy en tous ses conseils, qui l'aurait interditte faute de rapporter la ditte fondation dans trois mois. Et comme le dit seigneur est demeuré en minorité sans avoir peu jusqu'à présent descouvrir les dits titres comme il paraist que la Requeste par lui présentée par Guay son procureur il a comme auparavant et pour assurance d'ycelle fondation et en la continuant afin qu'il soit dit comme auparavent une messe par chacunes semaines à chacun vendredy d'ycelle pour le repos des âmes de ses dits auteurs et prédécesseurs à perpétuité il a fondé, donné et légué . . . . . . à ladite chappelle pour et en faveur du sieur curé dudit Eguzon et ses successeurs, qui seront tenus de dire ou faire dire et célébrer la ditte messe par chacun vendredy de chacunes semaines non empeschés par festes ou autres raisons auquel cas ledit sieur curé ou autres prestres de lui ayant charge seront tenus de la dire le lendemain ou autre jour de la mesme semaine la somme de vingt-cinq livres par chacun an, payable à chacune feste de Toussaint dont le premier paiement commencera au jour de Toussaint prochain, et à continuer d'an en an à pareil jour à perpétuité.

A laquelle fondation ils ont affecté et hypothéqué la métayrie et dixième de Josnon à eux appartenant située en la paroisse de Crozant. Aux charges et conditions que les dits seigneur et dame se sont en outre obligés d'entretenir la dite chapelle des Réparations et fournir le luminaire et ornemans nécessaires pour le service divin. »

Signé : Pierre de Chamborant, Anne Lefort, Fournyer, Le Granger, curé d'Aiguzon ; Delacou notaire. (*Etude Dauthy*).

Le seigneur de La Clavière s'engageait en outre à donner à déjeuner au curé les jours où il irait dire la messe.

Nous trouvons ensuite, le 15 mai 1698, une supplique de M. Pierre Midy, curé d'Eguzon, à l'archevêque de Bourges demandant que la messe du vendredi de chaque semaine fondée dans la chapelle de la Clavière, soit désormais célébrée dans l'église d'Eguzon, parce que, contrairement aux clauses du contrat de fondation, la chapelle est dépourvue d'ornements sacerdotaux, et qu'ainsi il est obligé, pour emporter les siens, de se faire aider par un clerc, ce qui est d'autant plus incommode que les chemins sont mauvais.

Cette supplique ne paraît pas avoir reçu d'effet.

En 1734, une ordonnance de Mgr. Frédéric de Roye de la Rochefoucauld, réduisait la susdite fondation d'une messe par semaine à deux messes par mois, les premier et troisième vendredi de chaque mois.

Cet état de choses semble avoir existé jusqu'à la Révolution.

COMMUNAL DE PEZ-CHAUVET

» D'un acte reçu par Varillaud, notaire Royal et héréditaire
» résidant en la ville et paroisse d'Aigurande, pour le Berry et
» Marche le premier septembre 1712, a été extrait littéralement
» ce qui suit :

. . . . . . , ...

» Puis a, le dit seigneur (Messire Pierre de Chamborant,
» Marquis de la Clavière, seigneur d'Eguzon, puis Laurent,
» Villemendeur et autres lieux, demeurant au chastel du dit
» lieu de la Clavière, paroisse d'Eguzon, pays de la Haute-
» Marche).

» Droits du seigneur. — Une grande Lande appelée la
» lande de Peü-Chauvet étant située au dedans de la justice
» d'Eguzon, contenant huit cent septérées de terre ou environ,
» pour raison du pacage de laquelle il a droit d'avenage qui est
» sur chacun de ses dits hommes d'Eguzon, Eguzonnet, Char-
» chept, Bousset, Chavenières et Séjallat, quatre boisseaux
» avoine, compris au droit de fouage et sur les hommes du
» village d'Argentière pacageants en ladite lande sur chacun
» d'eux douze boisseaux avoine, et sur ceux de la Ferrière et
» Bordesoulle chacun huit boisseaux sur ceux de Lacoux aussi
» huit boisseaux chacun, sur ceux de Brocheteau et Mongouery
» chacun quatre boisseaux sur chacun de l'age de Mond deux
» boisseaux et ceux du village de la Ligue terre et justice du dit
» Eguzon chacun deux septiers avoine y compris le droit de
» fouage et sur la maison Rouge aussi en ladite justice un
» septier avoine y compris aussi le droit de fouage et sur les
» habitants du village de Peuraud aussi chacun un septier.

» Plus il est dû audit seigneur sur les villages de la Ferrière
» et d'Argentière à cause de leurs acquisitions en ladite lande
» du Peu Chauvet, de cens et rentes, argent trente neuf sols
» quatre deniers, avoine trente boisseaux et quatre chapons.

. . . . , ...

» La dite terre peut valoir en total de revenu par communes
» années la somme de cinq à six cents livres, sans tirer à
» conséquence. »

Ce territoire fut délaissé aux habitants d'Eguzon et des villages ci-dessus désignés par Jean de Chamborant et Louise de Reilhac son épouse.

L'acte de délaissement est de 1564.

La Brande du Pez-Chauvet s'étend sur les communes d'Eguzon, Baraize et Bazaiges.

La loi du 10 juin 1793 en fit passer la propriété des mains du seigneur de la Clavière dans celles des communes ci-dessus.

Eguzon voulut s'approprier toute la partie située sur son territoire ; mais les autres communes firent des réclamations ; elles avaient le droit de pacage sur toute l'étendue du communal, et n'entendaient pas en faire abandon.

Les habitants d'Eguzon ensemencèrent ; mais ceux des communes de Bazaiges et Baraizes envoyèrent leurs troupeaux paître dans les blés et les avoines.

Il y eut procès. La commune d'Eguzon fut condamnée à abandonner aux communes intéressées une certaine portion du communal en rapport avec le nombre d'habitants des villages voisins

Le dernier abandon a été fait en 1885. Bazaiges a obtenu 9 hectares 75 ares de terrain.

Aujourd'hui, les parts respectives de chaque commune étant délimitées, chacun jouit de ce qui lui revient en toute sécurité.

Pendant longtemps les habitants d'Eguzon jouirent du communal du Pez-Chauvet chacun à sa guise. Les uns y faisaient pacager leurs bestiaux ; les autres s'y taillaient quelques morceaux à leur convenance et les ensemençaient.

En 1841 le Sous-Préfet proposa, dans l'intérêt de la commune, d'imposer chaque tête de bétail pacageant dans les communaux.

Cette proposition ne fut pas acceptée.

En 1845, le Sous-Préfet demanda la vente du Pez-Chauvet, pour permettre à la commune de trouver la somme qu'on lui réclamait pour construire la route d'Argenton.

Le conseil municipal refusa, alléguant que la commune ne possédait pas en propre le dit communal, qu'il appartenait à diverses sctions et qu'elle ne pouvait l'aliéner.

En 1847, le conseil, considérant que plusieurs propriétaires ont défriché certaines parcelles du communal, demande le partage en lots, pour 18 années.

Les parts en seront tirées au sort par les chefs de famille ou de maisons. Chacun payera, outre l'impôt un prix de ferme qui sera, d'après la classe, de 2 francs, 1 fr. 50 et 1 franc. De plus, les fermiers devront planter, chaque année, quatre arbres, à leur choix.

M. Roulaud, instituteur, fut chargé de faire le plan et le partage.

Le tirage au sort eut lieu. Mais les fermiers ne plantèrent pas d'arbres.

En 1853, le conseil, par délibération, les dispensa de cette obligation.

La vente du communal du Pez-Chauvet fut encore demandée en 1873, cette fois par le conseil municipal.

Cette vente n'a pas été faite. Aujourd'hui, beaucoup de personnes la désirent, et il est probable qu'elle sera réalisée prochainement, les ayants-droit soulevant sans cesse de nouvelles difficultés.

Le Pez-Chauvet a, sur le territoire de la commune d'Eguzon, une superficie de 190 hectares. Les habitants d'Eguzon et des villages de Bousset, La Braudière, Charchet, Le Pré-Callé, Séjalla, Chavenière, Croc, La Station, Le Faisceau, La Ferrière, Argentière, La Lande, Le Moulin de l'Etang, Les Jarriges, Eguzonnet, etc, jouissent d'environ 60 ares de communal. Un nouveau partage est fait tous les 18 ans, et les parts tirées au sort par section de village. Les parts demeurées vacantes sont tirées au sort ou mises en adjudication. Chaque fermier paie annuellement une somme de trois francs quarante centimes d'imposition.

Quelques fermiers louent leur part de communal ; le prix moyen est de dix francs environ.

TERRITOIRES DE BOUGAZEAU
DE BORD, DE LA FEYTE

Les villages de Bougazeau, de Bord et de La Feyte, sont situés près du château de La Clavière, à l'est.

SERFS. — C'est là que se trouvaient les serfs du seigneur, lequel avait des droits sur ces territoires, droits reconnus par actes remontant à 1456, 1620 et 1684.

En 1780, les habitants de ces villages voulurent s'affranchir de tous droits.

Sur la production par le seigneur de la Clavière, des pièces relatées ci-dessus, ils furent condamnés par la chancellerie du Palais de Paris.

Voici la copie d'une de ces pièces :

» DROITS DU SEIGNEUR. — Ce territoire (Bougazeau, Bord
» et La Feyte), se borne et limite du côté d'orient par le chemin
» du pont de Château Brun à Dun ; du midy par la fontaine du
» péchevaux, la ditte fontaine incluse dans le dit territoire, du
» midy au couchant par le chemin de la Chapelle et des Jougettes,
» de la Nouzillère, du couchant par le parque terre et proclôture
» du château de la Clavière, et de Bise par les terres du village
» de La Feyte sur lequel village le dit seigneur a droit de
» prendre et percevoir par chaque feu de servitude une géline
» de biant toutes les semaines et la vinade (1) une fois l'an,
» lesquels droits accroissent et décroissent suivant qu'ils font de
» séparation et feux de servitude.

» Sont tous eux habitants du dit village astreignables au
» moulin du dit seigneur appelé le grand moulin situé sur la
» rivière de Creuse pour les grains qu'ils consomment dans leurs
» maisons lorsqu'ils font résidence dans ledit village, et les

---

(1) Vinade ou bouade. — Tout homme, serf ou mortaillable, ayant des bœufs était obligé d'aller tous les ans avant la St-Martin « aider à son seigneur d'une paire de bœufs ou d'une charrette pour aller au vin au vignoble le plus aisé. » Ceux qui n'avaient pas de bœufs toute l'année devaient payer au seigneur une redevance dont le maximum était de 15 sols.

» meuniers dudit seigneur ont accoutumé de venir chercher
» leurs grains en leurs maisons et leur ramener la farine et
» rendre le boisseau de bled ras au comble en farine.

» Ledit seigneur a aussi droit de taille aux quatre cas
» suivants et conformément à l'art. 128 de la coutume de la
» Marche, droit de sans et rentes ou de composition et ne
» pouvant vendre leurs biens surcharger ni autrement alliéner
» sans le consentement du dit seigneur conformément à l'art 146
» de ladite coutume de la Marche.

» Aussi le dit seigneur droit de succéder sur tous ces
» hommes serfs du dit village et territoire conformément à l'art.
» 152 de ladite coutume de la Marche, tout autre droit de
» servitude généralement suivant la coutume des hommes serfs de
» la province de la Marche à cause de sa ditte terre et seigneurie
» de la Clavière, a aussi ledit seigneur droit et en pocession
» de percevoir d'un temps immémorial sur tout le village et ter-
» ritoire du Bougazeau la dime en seul avec tout droit de retour
» de biens de tout bled, froment, seigle, orge, balliarge, bled
» noir, avaine, ling, chanvre, agneau et généralement tout autre
» grains fruits décimables et qui ont accoutumés d'être levés
» touts lesquels dîmes se payent à la treizième, qu'ils ont comme
» habitants droits et accoutumés de mener avec les habitants de
» Bord leurs bestiaux dans la brande appelée du Bougazeau
» située dans le dit territoire dépendant du dit seigneur de la
» Clavière.

» Touts lesquels droits ci-dessus déclarés sont dus général-
» lement sur ledit village et territoire du Bougazeau sans compter
» les autres cens et rentes qu'ils doivent sur ledit village chaquun
» en leur particulier suivant qu'ils s'obligent de déclarer par la
» reconnaissance qu'ils fourniront ci-après de touts les biens
» qu'ils possèdent par tenants et aboutissants dans ledit village
» et territoire avec les cens et rentes qu'ils peuvent être tenus
» chaquun à leur égard. »

Suit la déclaration

Ils reconnaissent devoir et avoir accoutumé payer au dit seigneur argent dix livres, et chapons deux.

Les habitants de Bord ayant refusé de faire la déclaration exigée, y furent astreints par la chancellerie.

Ils reconnurent devoir et avoir accoutumé payer au sei-

» gneur de la Clavière, froment 8 boisseaux un quart, seigle
» 41 boisseaux, avoine 36 boisseaux trois quarts, le tout me-
» sure de Crozant; argent 18 sols, laquelle dite rente ont
» promis et sont obligés solidairement les uns pour les autres,
» et l'un d'eux seul pour le tout. (*Etude Dauthy*).

Le territoire de La Feyte payait en outre des redevances aux religieux augustins de Montmorillon.

Le communal de Bougazeau, d'une superficie de 17 hect. 80 fut vendu en 1880 aux habitants des villages de Bougazeau, de la Feyte et de Bord.

Il fut partagé en 16 lots d'une surface d'un peu plus d'un hectare; chaque lot fut tiré au sort par les ayants-droit et vendu un prix uniforme de 345 fr. 96.

La vente produisit 5534 fr. 68.

Les propriétaires eurent la faculté de se libérer en dix termes égaux d'année en année.

Ces propriétaires, ainsi que ceux des villages voisins, jouissent encore, en commun, d'une étendue de communal assez considérable, où ils font pacager les bestiaux.

Ce communal, situé en grande partie dans les côtes de la Creuse, ne peut guère être cultivé.

Ils payent, pour cette jouissance en commun :

Les habitants de Bougazeau par an, et par personne		»
— de Bord	— —	»
— de La Feyte	—	1,60
— de La Nouzillière	—	2. »
— de Chambon	—	2,60
— de Fressignes	—	2,15
— de Bousset	—	0,80
— de Lavaud	—	1,50
— de Messant et autres —		0,70

La commune retire chaque année pour redevances des communaux non affermés une somme de 622 fr. 75.

NOTAIRE DE BOUGAZEAU [1]

Acte d'Affranchissement

» Nous, hault et puissant seigneur messire Pierre de Cham-
» borant, chevallier, seigneur de la Clavière, Aiguzon, Puis-
» lorant et autres places.

» Reconnaissant que pour les bons et agréables services
» que nous a faits et rendus M. Léonard Alasaunière notaire
» royal demeurant dans notre village de Begazeau, dépen-
» dant de nostre chasteau noble de la Clavière, le tout en
» la paroisse d'Eguzon, et que nous espérons recevoir de
» lui à l'advenir dont nous sommes contantz et l'en avons
» rellevé et rellevons par ses présentes de toutes prennes (?)
» en conséquence de ce de nostre plain gré et bonne volonté
» reconnaissons que quoy comme sy dessus est dit que le
» dit Alasaunière soit demeurant dans notre susdit village de
» Begazeau tenu de nous servemant et en serve condition
» accause de nostre dit chasteau noble de la Clavière, néanmoins
» pour les considérations cy-dessus et autres dont nous n'avons
» voullu faire aucune mention par ces présentes voullons et
» entendons que tous et uns chascuns ses bastiments domai-
» nes et héritages avecq leurs droits entrées issues apparte-
» nances et despendances d'iceulx générallement quelconques
» en quelques lieux et endroits que les dits lieux puissent
» être scis et scitués et se trouveront dépendre et relevés
» de nostre ditte terre et seigneurie de la Clavière et qui
» se trouveront appartenir audit Alasaunière jusque à ce jour-
» d'hui, sans en faire par nous aucune réserve luy demeurent
» et aux siens dès à présent et à perpétuité franc et de
» franche condition nonobstant comme dit est que les dits
» lieux soient tenus de nous servement et en serve condi-
» tion, consentons que ledit Alasaunière et les siens en demeu-
» rent dès à présent propriétaires pocesseurs et destrupteurs
» . . . . simplement franc et en franche condition comme ainsi

(1) Bougazeau, village de la commune d'Eguzon ; 41 habitants.

» l'avons par ses présentes déchargé luy et les siens de tous
» autres droits de servitudes de quelque nature et quallité
» qu'ils puissent être et qu'ils se trouveront par luy et ses
» prédécesseurs avons et à nos prédécesseurs reconnus à la
» charge néanmoins touttes fois de nous payer les cens et
» rentes à nous dhües par le dit Alasaunière sur les susdits
» lieux à ladvenir ainsy qu'il a accoustumé de nous payer
» sans aucune diminution etc.

En foy de quoi nous nous sommes soubsignés en nos-
» tre chasteau noble de la Clavière le vingtiesme janvier mil
» six cent quatre-vingt-un ».

Signé : de Chamborant la Clavière (*Etude Dauthy*)

LES MOULINS DU SEIGNEUR

Le seigneur de La Clavière et Eguzon possédait un certain nombre de moulins où les habitants étaient tenus de faire moudre leurs grains, moyennant redevances, bien entendu.

Les gens d'Eguzon étaient astreints au moulin de l'étang, dont il ne reste plus que quelques ruines.

Les habitants des autres villages dépendaient des moulins du Breuil-Genest, de Fougères ou de Chambon.

La requête suivante nous montre qu'il ne faisait pas bon se servir d'un autre moulin que de celui auquel ont était astreint :

» Par devant vous, monsieur le Chastellain de la Justice
» d'Eguzon, qu'ils sont bien éloigné d'attribuer à M. Morel le
» ton violant qui reigne dans sa requeste signiffié sous son nom,
» qu'il est trop honeste pour s'exprimer en termes sy grossiers
» et sy indécents, les deffendeurs assurément ne seraient pas
» embarrassés de répondre sur le mesme ton, mais ils s'en garde-
» ront bien de donner un sy mauvais exemple.

» Au fond il est certain que quand bien mesme le deffendeur
» serait sujet du moullin du Breux Genest, Demay (le meunier)
» n'avait point de dommages intérêts à prétendre pour le bled
» qu'il a fait moudre ailleurs qu'au dit moullin parce que le bled
» avait été achepté au marché d'Argenton ; il n'avait point été
» mené dans leurs maisons en nature de bled.

» L'auteur de la requeste de M. Morel a beau taxer cette
» proposition d'ignorance et d'absurdité, elle n'en est pas moins
» fondée sur le texte précis d'une foule de coutumes qui disent
» qu'un sujet quand il n'a plus de bled chez lui peut en achepter
» hors l'étandue de la banallité et le faire moudre où bon lui
» semble et courir aucune peine pourvu que le blé ainsi achepté
» n'ait eu ny gite ny repos en la banallité.

» Si le tenancier achète du grain et le fait moudre avant de
» le transporter sur le territoire banal il n'encourt aucune amende
» parce qu'il n'y a point de loy qui oblige un homme qui n'a
» point de bled chez lui et qui en achète ailleurs de l'apporter en
» bled c'est comme s'il avait achepté de la farine et il n'y a pas

» de doute qu'un habitant qui manque de bled peut achepter de
» la farine et non du bled et qu'on ne peut le forcer à achepter
» du bled pour l'apporter au moullin bannal (coustumes du
» Bourbonnais).

» La coustume de la Marche n'assujetty à la Bannalité du
» moulin que les hommes de la feudalité du seigneur demeurant
» au dedans de la banlieue de son moulin, etc.

(*Etude Dauthy*).

FOUR BANAL

Le four banal d'Eguzon, situé dans un pré appartenant aujourd'hui à M. Châteaufort, et appelé pour cette raison pré du four, a disparu il n'y a pas très longtemps ; beaucoup de personnes se souviennent d'en avoir vu enlever les derniers vestiges.

Il était affermé à un individu qui devait le chauffer avec du bois pris sur les propriétés du seigneur.

Voici d'ailleurs la teneur du bail passé par devant notaire en 1789.

M. Morel de la Clavière donne pour trois ans, commençant le jour et fête de Saint-Jean-Baptiste, à Julien Lavenue du village de Fressignes.

» Le four bannal au dit seigneur appartenant situé au bourg
» d'Eguzon, dont le seigneur a droit de jouir avec les astreigna-
» bles droits et profits en dépendant, à la charge par le preneur
» de jouir du dit four sans y commettre de dégradations, ne sera
» tenu ledit preneur d'aucune réparation au dit four et bâtiment
» à moins que de celles procédant de sa faute.

» Il aura l'usage et droit de prendre les bois des chesnes qui
» ont accoutumé d'être ébranchés, c'est-à-dire le bois de serpe
» et bois revenant tant du grand pré d'Argentière que de celui
» appelé la Gasne dépendant de la métairie de la Verrière sans
» pouvoir couper ni prendre sous aucun prétexte pendant le
» présent bail aucun bois dans la Garenne du dit seigneur située
» à Eguzon, et au surplus sera tenu le preneur de se fournir de
» bois après l'épuisement de celui des chesnes têtaux du dit pré
» d'Argentière et de la Gasne.

» Sera tenu le preneur de chauffer ledit four et faire cuire le
» pain aux jours accoutumés.

» Le présent bail ainsy fait et en outre pour et moyennant
» le prix de soixante douze livres par chacun an payables en
» deux termes. » — (*Etude Dauthy*).

72 livres, c'était pour l'époque une somme considérable. Il serait intéressant de connaître combien le four rapportait annuellement au fermier, et quels droits, au juste, il prélevait.

Je n'ai malheureusement retrouvé aucun document se rapportant à ce sujet.

PRIVILÈGES

1784. — « Requête à MM. les Président, lieutenant, conseillers du Roy, élus en l'élection de la Marche, à Guéret.

André Cadeau, syndic de la paroisse de Chantôme, contre Martial César Morel de Fromental, seigneur de la Clavière et d'Eguzon.

Ce dernier demandait la radiation de la cotte du domaine des Laurents, qu'il possédait au bourg de Chantôme, et qu'il prétendait réunir à ses préclôtures situées au village de la Clavière.

Il est dit dans cette requête, que M. Morel de Fromental ne paye *pas un sol de taille ni capitation à Eguzon ;* qu'un gentilhomme peut faire valoir en sa main la quantité de quatre charrues, sans être sujet à aucune cote d'exploitation.

Que M. de la Clavière fait valoir à sa main des préclôtures d'un revenu très considérable, et remplissant à coup sûr les quatre charrues dont la loi lui accorde la jouissance franche et exempte d'imposition ; qu'il possède une métairie à Eguzonnet, une autre à Peuxgueffier, une à la Clavière, une au Bougazeau, etc ;

Que la loy veut qu'il use de son privilège dans une seule et même paroisse, et qu'il est mal fondé à réclamer la radiation de la cotte du domaine des Laurents, situé dans une autre paroisse. (*Communiqué par M. Ponroy*)

Si M. Morel ne payait pas d'impositions avant 1789, il n'en fut pas de même après la Révolution.

Ainsi, en l'année 1832, il est imposé pour une somme de 492 fr. 14 et son gendre, M. Chaud de Lenez, pour 260 fr.

CHATEAU DES LIGNIÈRES

Le château des Lignières, de construction moderne, est situé au nord-ouest de la commune d'Eguzon, près du village d'Argentières, et en quelque sorte au milieu des bois.

Il a été construit sur les ruines de l'ancien château.

Il n'a rien de remarquable. On n'y voit aucune tour, aucun vestige d'habitation féodale; ni murs, ni fossés.

Il ne paraît pas avoir joué un rôle bien considérable dans l'histoire du pays, et ne semble pas avoir une origine bien ancienne.

La terre des Lignières appartenait aux Foucould de Saint-Germain-Beaupré, qui furent aussi seigneurs d'Eguzon.

Elle fut cédée vers le milieu du XVIIe siècle à Michel-Abraham Galland, « escuyer, sieur d'Espaigne, fils de Michel Galland, escuyer, sieur de la Varenne, » (commune de Bazaiges ou de Vigoux).

L'acte de cession porte que la propriété joute les terres d'Eguzon et la seigneurie d'Argentières des dames religieuses de Longefont.

Malheureusement cet acte est à peu près anéanti; il n'en reste qu'une page, qui m'a été communiquée par Mme veuve des Lignières.

La famille Galland possédait en outre d'assez vastes territoires sur les communes de Bazaiges et de Parnac, et aussi le château des Jarriges, dont il sera parlé ailleurs.

Michel Abraham Galland épousa Jeanne-Marie Desforges, puis Claude Cormier.

C'est lui qui fit construire la Chapelle des Lignières en 1666, pour satisfaire aux dernières volontés de sa seconde femme. — Il mourut en 1676.

Il laissait une fille, Silvine Galland, qui épousa Jean de Boilinard, écuyer, et un fils, Silvain Galland, sieur de la Ligne, de Bussière et des Lignières, qui épousa Catherine de Bart.

C'est ce dernier qui fonda ou plutôt qui renouvela la fondation d'une rente annuelle de 20 livres au profit du curé d'Eguzon, ainsi qu'il a été dit ailleurs.

Il laissa un fils, François Galland, qui épousa Catherine Biarnois puis Marie Mongis.

Et une fille, Léonarde Françoise Galland, qui se maria en 1717 avec Louis de Chabannes, comte de Nouzerolles.

Ce mariage fut célébré le 9 février 1717 à Eguzon.

L'acte porte : « haut et puissant seigneur messire Louis de Chabanes, comte de Nouzerolles, fils à feu messire François de Chabanes et de dame Marguerite de la Marche de la paroisse de Nouzerolles diocèze de Limoges d'une part, et demoiselle Léonarde Françoise Galand fille à feu messire Michel Galand et de dame Agnès Rousseau ses père et mère de la paroisse d'esguzon d'autre part . . . . et les ay resceu à la bénédiction nuptiale après s'estre donnés leurs mutuels consintement en présance de dame Margtte de la Marche, mère dudit époux et de dame Agnès Rousseau mère deladite épouse, de Silvain Galand sieur des Jarriges, de Louis de Saint-Maur, escuyer et d'Antoine de Saint-Maur de Fraisselines escuier, sous signés. — (Lespinasse curé d'Eguzon).

Nous trouvons, en 1713, la naissance de Jean Galland « fils de François Galland équier sieur des Lignières, et de Marie Biarnois; et a été parrain noble Jean Biarnois, avocat en parlement et bailly de la ville et baronnye de Sainte-Sévère en Berry, et la marraine dame Claude Irseult velve de deffunct Pierre François Dubec, vivant escuyer sieur du Monté, et lieutenant de la maréchaussé provinciale de Bourges. »

François Galland, sieur des Lignières, chevalier de Saint-Louis, ancien major du régiment de Bourgogne, mourut en 1785, et fut inhumé dans l'église d'Eguzon.

Son fils Jean Galland épousa Marie Couraud, et en eut Henry Galland, Antoine et Pierre Galland.

En 1778, Henry Galland reconnaît tenir, jouir et posséder le fief des Lignières en foy et hommage du roy relevant du comte de La Marche à cause de la Chatellenie de Crozant duquel il a fait foy et hommage au roy par devant MM. les trésoriers du Bureau des finances de Moulins le 25 Juillet 1775.

Henry Galland se maria à dame Gentil.

Marie Galland, une de leurs filles, épousa à Eguzon Silvain Gentil, de Villarnoux, commune de Ceaulmont, canton de

Gargilessse, fils de Gentil François et de Jeanne Poisle, (10 pluviose an VII.)

Séraphie Galland, autre fille, épousa à Eguzon le 2 juin 1807, Gabriel Delacou, étudiant en droit, fils de Pierre Delacou, notaire impérial et maire d'Eguzon, et de Marie Chamblant.

Leur fils Antoine Victor Galland épousa en 1808 Marie-Anne-Gabrielle Deseglière, de la Clavière, fille de Louis François Armand Deseglière et de Marie Magdelaine Silvie Mondain ; — puis, en secondes noces, Marie Mingasson.

De ce dernier mariage naquit François Henri Léopold, qui épousa Marie-Henriette-Clémence de Châtillon.

Avec lui s'est éteinte la famille des Galland. Il eut une fille qui mourut en 1869 ; lui-même est mort la même année.

Sa veuve habite encore aujourd'hui le château des Lignières.

PACTE DE FAMINE

D'après le dire des anciens, un membre de la famille des Galland aurait été poursuivi et emprisonné, pour avoir fait partie du fameux pacte de famine.

Je ne sais si le fait est exact.

Mais si ce Galland a fait l'agiotage sur les grains, il n'a pas été le seul dans la contrée, ainsi qu'en témoigne l'acte suivant :

Du 24 mars 1725. — Déclaration devant notaire, de Léonard Delaroche, boulanger à Josnon, paroisse de Crozant, et Silvain Debord, laboureur au bourg et paroisse de La Chapelle-Basloux.

Lesquels ont déclaré qu'en conformité de l'ordonnance de M. le lieutenant général de Guéret ils se sont transportés au château de La Chapelle-Basloux pour mesurer le bled seigle et ont trouvé la quantité de dix mille cent seize boisseaux, mesure d'Aiguzon, savoir :

Dans le grenier du charnier	1555 boisseaux.
Dans le grand grenier des vautes	1942 —
Dans le cabinet à côté de la grand chambre	460 —
Dans la chambre au-dessus la lessive	1660 —
Dans un cabinet à côté	324 —
Dans la salle	1943 —
Dans le cabinet à côté	2232 —
Total	10116

Lequel bled a été trouvé par les mesureurs bon, loyal et marchand excepté beaucoup de poussière dont ils ont estimé la diminution à 5 boisseaux par cent. (*Etude Dauthy*)

LE DRAPEAU BLANC

Vers 1790, le seigneur des Lignières, entouré d'une troupe d'hommes résolus, parmi lesquels se distinguaient un scieur de long, des Jarriges, d'une force herculéenne et de haute stature, et un certain Bonnat, du Bourbonnais, réputé comme sorcier, arbora le drapeau blanc dans la tribune de l'église.

Il y eut tumulte.

La châtelaine des Lignières, voulant retenir son trop bouillant mari le saisit par les basques de son habit qui lui restèrent dans les mains.

On envoya des gendarmes ; on fit une enquête. On voulut arrêter le scieur de long, qui à ce moment travaillait à creuser des fossés près de la forêt du Faisceau ; il saisit un gendarme et le lança dans un fossé plein d'eau.

Il n'en fut pas moins arrêté et conduit sous bonne escorte à Châteauroux.

On arrêta aussi le sorcier Bonnat, que l'on trouva chez lui. Bonnat recommanda à sa femme de préparer son déjeuner le lendemain pour l'heure habituelle.

Les gendarmes lui firent observer que cette précaution était bien inutile, que le lendemain il serait loin.

Il paraît néanmoins que Bonnat tint sa promesse ; il parvint à s'échapper et rentra chez lui à l'heure indiquée.

Pas pour longtemps, sans doute ; mais sa réputation comme sorcier s'en accrut considérablement.

Quant au seigneur des Lignières, on pense qu'il ne fut pas inquiété.

CHAPELLE DES LIGNIÈRES

En 1666, Michel Abraham Galland, écuyer, sieur d'Espagne et seigneur des Lignières, fit construire une chapelle dans son château des Lignières, pour satisfaire aux dernières volontés de sa femme Claude Cormier.

Voici un document qui se rapporte à cette chapelle :

» Guillaume Foucault, conseiller du roy, doyen de l'église . . . . . de Bourges et vicaire général et spirituel et temporel de Mgr. Illustrissime et Reverendissime patrice archevêque de Bourges, primat des Aquitaines, à tous ceux qui ces présentes lettres verront à sçavoir faisons que vu la requeste à nous présentée par Michel Abraham Galland escuyer sieur des Lignières tendant à ce que pour les causes et raisons y déduites il nous plaise permettre aud. sr Galland de faire bénir la chappelle qu'il a fait construire en sa maison des Lignières par le premier curé voisin ou tel autre qu'il nous plaira commettre à ce faict y faire dire et célébrer la sainte messe tant pour sa dévotion que pour satisfaire à l'intention de défuncte sa femme nous avons ordonné qu'il sera dressé procès-verbal de l'estat scituation et dimensions de la ditte chappelle ensemble des ornements qui y sont pour ce faict, par le curé de Montchevrier qu'à ce faire avons commis, et le procès-verbal aura la fondation et consentement du curé du lieu.

Rapport et communiquer au promoteur est de faict droit ainsy que de raison.

Faict et donné à Bourges soubs le scel de mondit seigneur le 1er août 1666 et ainsy signé : Foucault.

(*Communiqué par Mme Vve des Lignières.*)

Le rapport ayant été favorable, la chapelle fut bénite et on put y célébrer la messe tous les samedis. Mme Claude Cormier avait légué à cet effet 400 livres, devant produire une rente de 20 livres par an.

Cette rente ne fut pas payée régulièrement.

En 1673, M. Denys le Granger, curé d'Eguzon demanda l'autorisation de faire saisir Gabrielle Galland héritier de Michel-Abraham-Galland et de Claude Cormier.

La chapelle fut délaissée un certain temps.

En 1698, Sylvain Galland, sieur des Lignières et Catherine de Dars son épouse, renouvelèrent la fondation de 400 livres. (*Voir Midy curé d'Eguzon*).

En 1683, les Galland reconnaissent devoir une rente « aux dom religieux de Fontgombaud » pour la chapelle des Lignières.

Jusqu'à quelle époque a-t-on célébré la messe dans la chapelle des Lignières ? Il est difficile de répondre à cette question.

Cependant il est probable qu'on avait cessé d'y dire la messe bien avant la Révolution.

LE CHATEAU DES JARRIGES

Le château des Jarriges est situé au nord-est d'Eguzon, près du village d'Eguzonnet, sur un mamelon qui domine la Creuse.

C'est un site magnifique : au nord, de l'autre côté de la Creuse et à mi-côte, Châteaubrun dresse ses tourelles antiques et sombres ; du nord au sud-est, l'œil suit les méandres de la Creuse, dont les rochers qui encaissent son lit ondulent et se poursuivent à perte de vue ; dans le fond les cornes de St-Vaury ferment l'horizon.

Sur le sommet des collines, sur la rive droite, le bourg de Cuzion, avec son vieux clocher, les châteaux de la Planta, des Couvieilles, de Bonnu se détachent nettement et égayent le paysage.

Le château, tout moderne et magnifique, est de construction récente. Il renferme cependant un pavillon carré, plus ancien, qui devait être l'habitation des seigneurs.

Le « lieu et fief noble des Jarriges » dépendait de la seigneurie de Châteaubrun.

Il fut acquis, au commencement du XVIIe siècle par Michel Galland, sieur de la Varenne et Granché, (voir les Galland des Lignières).

Plus tard, en 1711, Dame Agnès Rousseau, Ve d'un autre Michel Galland, sieur des Jarriges, de la Varenne et des Lignières, reconnaît par acte notarié « redevoir à Jean Nicollas de Montmorency, chevallier, seigneur de Châteaubrun, colonel de cavallerye, chevallier de l'ordre militaire de St-Louis, pour arrérages des rentes dues aud seigneur sur les Jarriges et dépendances :

14 boisseaux et demy de seigle, mesure de Châteaubrun,

8 boisseaux 3/4 et un tiers et demy de froment.

25 boisseaux d'avoine.

357 pintes de vin.

2 chapons, 2 gélines et le 1/3 d'une géline.

à raison de 19 sols le boisseau de seigle ; le boisseau de froment 27 sols ; l'avoine 7 sols ; le vin à 11 sols la pinte ; le chapon 12 sols et la géline 6 sols, le tout revenant à la somme de 1227 livres 18 sols.

Laquelle dite somme sera payable savoir, la somme de 50 livres à la St-Martin d'hiver prochain, autres 50 livres à la St-Martin suivante, et le surplus à l'autre feste de St-Martin consécutives. » (*Etude Dauthy*)

Un des fils de Michel Galand, Henry Galland, était en 1648 prieur du prieuré des St-Placide de Crozant et de St-Pierre de Vingnac, ordre de St-Benoist.

Son autre fils, Gabriel Galland, épousa Renée de Massée, et en eut Michel Galland, qui se maria à Agnès Rousseau, dont il est parlé ci-dessus.

Le fils de ce dernier, Silvain Galland, épousa Marie de St-Maur, fille du seigneur de Fresselines.

Ce Silvain Galland fut en 1726 trouvé mort d'un coup de fusil à la porte « du iardin de Pierre Reberioux de ce bourg. »

Voici ce qu'on raconte à ce sujet.

Près du château d'Eguzon, sur l'emplacement occupé aujourd'hui par le château de M. Pierre, s'élevait une habitation appartenant probablement à ce Pierre Reberioux qui devait être fermier de la Seigneurie d'Eguzon.

Ce fermier avait, pour son malheur, une épouse très belle, qui entretenait des relations avec le seigneur des Jarriges.

Lorsque son mari devait s'absenter, la dame arborait un drapeau blanc sur un arbre ou à sa fenêtre, et ce signal que l'on voyait, paraît-il des Jarriges, était interprété comme il devait l'être. Silvain Galland remplaçait bientôt le mari absent.

Ce dernier apprit, après tout le monde, ce qui se passait chez lui et résolut de se venger.

Il annonça à son épouse une absence de plusieurs jours, mais, nouveau Barbe-Bleue, il revint pendant la nuit et surprit les criminels.

Il logea une balle dans la poitrine de Silvain Galland. Celui-ci fut enterré dans la nef de l'église.

Sa fille, Françoise Galland, épousa en 1730 messire Louis de St-Maur, écuyer, sieur de Fresselines, St-Léon, Vervy et autres lieux, qui vint habiter les Jarriges et mourut en 1748.

(De St-Maur, porte d'argent à 2 cygnes de sable, vus sur l'eau, becqués et membrés de gueules.

Sa fille, Marie de St-Maur, épousa à Eguzon, en 1760, Pierre Genty, sieur Duchyron, de Naillac.

Ont signé l'acte : messire Pierre Alexis Delasele, chevalier, seigneur du Bouchaud ; demoiselle Marie de Vilaine, de Sarzay : maître Simon Malbet, sieur de la Mothe, conseiller du roi, son avocat et procureur de la sénéchaussée de la Basse-Marche, etc.

Il eut pour fils Antoine de St-Maur, cornette des carabiniers de Province, dont l'héritière, Anne de St-Maur, épousa messire Valéry D'Argier, chevalier, seigneur et baron de St-Vaury, vicomte de Bernage, baron de Malval, seigneur de Beauvais, Linard et autres places.

D'Argier émigra pendant la Révolution, revint en France, et fut guillotiné.

Voir note au chapitre 1793.

(D'Argier porte d'argent, à trois tourteaux de gueules).

Ce dernier vendit, en 1789, les Jarriges et la métairie du Breuil au sieur Louis Gounot et à sa sœur, marchands amidonniers, demeurant à Etampes, moyennant 30.000 livres et 600 livres de pot de vin. (*Etude Dauthy*)

En 1792, dame Marie Anne Delacou, veuve de feu maistre Paul Delacou, en son vivant homme de loi, demeurant à Eguzon, acheta, pour 20.000 livres, le château des Jarriges et ses dépendances.

Ce château fut alors habité par les héritiers de cette dame.

En 1829, M. David Anastase Philippe, maître de forges à Mondon, canton de St-Sulpice, Haute-Vienne,

Et M. Léon Luc David, son frère, propriétaire à Bélâbre,

Epousèrent le même jour, à Eguzon, le 1er, mademoiselle Séraphie Delacou, le 2°, mademoiselle Marie Henriette Delacou, les deux sœurs, filles de Paul Augustin Delacou et de Marie Delacou.

Les David vinrent habiter les Jarriges.

L'un d'eux et Delacou Pascal furent banquiers à La Châtre.

Vers 1881, le château des Jarriges fut acquis par MM. Renard et Sabarly, entrepreneurs à Paris, qui le revendirent à la société Block, marchands de biens à Paris. Il fut acquis de ces derniers en 1886 par M. Ludovic de Bridiers, propriétaire actuel.

LES DE BRIDIERS

M. Ludovic de Bridiers est un descendant de la grande famille de Bridiers, qui possédait le château de Bridiers, situé à 2 kilomètres de la Souterraine.

Il a bien voulu me communiquer la généalogie de sa famille, généalogie qui remonte à l'an 958.

J'en extrais ce qui suit :

La maison de Bridiers, porte d'or à la bande de gueule, pour supports deux lions.

En 1018, Gérald, vicomte de Crozant et de Bridiers, cède l'église de la Souterraine au monastère de St-Martial de Limoges.

Lecrins de Bridiers meurt en Terre sainte au XI° siècle.

En 1168, les Anglais s'emparent du château de Bridiers.

En 1190, Herman, marquis de Bridiers, accompagne Philippe-Auguste à la croisade.

Saint-Louis reprend le château de Bridiers aux Anglais qui s'en étaient de nouveau emparés.

En 1345, Louis de Bridiers est tué à la bataille de Crécy.

Après les guerres de religion, la maison de Bridiers vint se fixer en Berry.

En 1555, Abel de Bridiers, chevalier de Malte, est tué à l'attaque du fort de St-Edme par les Turcs.

En 1581, Pierre de Bridiers, seigneur de Gartempes, Cérey près le Blanc, l'Estang, la Chaise, épouse Diane de Naillac, fille de René de Naillac, seigneur des Roches près le Blanc et autres lieux.

De Naillac porte d'azur à deux léopards d'or l'un sur l'autre.

En 1609, Diane de Bridiers épousa Gabriel des Marquets, seigneur de la Brosse.

En 1648, André de Bridiers, seigneur de Gartempes, vend sa terre de l'Estang et devient seigneur de Bethenet.

Il épousa Catherine de Montmorency, fille de Montmorency, baron de Fosseux et de Châteaubrun, seigneur de Charsonville.

Claude II de Bridiers, né à Bethenet, épousa Anne Suzanne de Salignac Magnac de Fénelon (La Motte).

De Salignac, porte bandée d'or et de sinople à 6 pièces.

Etienne de Bridiers, né en 1758, à Pommiers, capitaine d'infanterie, marié à Anne Véronique de Rollin.

Etienne de Bridiers a été maire de Pommiers, (canton d'Eguzon), de 1799 à 1830, avec deux interruptions, l'une en 1800, et l'autre de 1813 à 1816.

Il y mourut en 1853, il n'y a guère qu'une quarantaine d'années. Aussi se souvient-on encore dans cette commune, de ce vieillard presque centenaire, à longue redingote tombant sur les talons, à l'allure martiale, qui, aux jours d'assemblée réunissait à sa table de 80 à 100 personnes.

Les gens qui l'ont connu, et ils sont nombreux, font de lui les plus grands éloges et s'accordent à dire que c'était un homme très charitable, et de plus très libéral.

Il s'engagea à l'âge de 18 ans, au régiment maréchal de Turenne, (37° d'infanterie).

Il conquit ses grades sur les champs de bataille où trois fois il fut blessé.

Il était lieutenant en 1793.

Loin de penser à émigrer, comme beaucoup trop le firent à cette époque, il servit avec valeur dans les armées de la République.

Voici d'ailleurs ses états de services :

Caporal en 1780 ;

Sergent en 1785 ;

Sergent-major en 1791 ;

Sous-lieutenant en 1792 ;

Lieutenant en 1793 ;

Capitaine de grenadiers, an 3.

Incorporé à la 81° 1/2 brigade de ligne, an 5 ;

Retraité par décret du..... 6 germinal, an 6.

Campagnes : de 1792 à l'an 5 ; armée du Rhin ; Vendée.

Blessé d'un coup de biscaïen au genou gauche.

Blessé à la main gauche, à Dol, et au bras droit à Savenay.

La maison de Bridiers s'allia aux Chamborant, seigneur de la Clavière.

En 1670, Paul de Bridiers, chevalier baron de St-Julien, seigneur de St-Loup, du Sausier, du Breuil, du Gué, du Solier, épousa Isabelle de Chamborant, fille de Etienne de Chamborant, seigneur de la Clavière, d'Eguzon, Puy-Laurent, et de Marie Philippes.

De ce mariage naquit Marguerite de Bridiers, qui en 1705 épousa Pierre Bertrand, seigneur de Ville-Bussières.

(Ce dernier porte lozangé d'hermine et de Gueule).

CHATEAU DE CROS

Le château de Cros était situé à l'ouest d'Eguzon, près de la commune de Chantôme. Il n'en reste plus que des ruines sans importance.

En 1654 un certain Grozier était seigneur de Cros.

Nous trouvons ensuite, en 1684, Silvain Charière, « sieur de Cros, chatellain du dit lieu, bailly de Châteaubrun, du Châtellier, demeurant au bourg de Lafat.

Son fils, Louis Charière, se maria à honeste femme Silvine Perpérot, fille de Jean Perpérot notaire royal et de Marie Guillerot.

Devenue veuve, Silvine Perpérot épousa en 1698 Charles Pérussault, sieur des Baudinants, fils de Pierre Pérussault bourgeois de la ville de Saint-Gaultier.

Charles Pérussault vint habiter Cros. Il mourut en 1737, et fut inhumé dans l'église d'Eguzon.

Son fils fut « Pierre Laurens Pérussault, sieur des Baudinants, seigneur de Cros, conseiller du roi, garde-marteau (1) dans les forests de sa maiesté, notaire royal. — Il mourut en 1750 et fut enterré dans la nef de l'église.

La fille de Pierre Laurens Pérussault épousa François Michel Pineau de Montpéroux (de Guéret), avocat en parlement, garde-marteau des eaux et forêts du roi, chatelain de la justice royale des Plasses (commune de Crozant) et juge en la justice d'Eguzon.

L'obscurité règne ensuite sur la famille de Montpéroux ; on n'en trouve plus trace depuis la Révolution.

La propriété de Cros fut par la suite divisée et vendue à différents propriétaires.

---

(1) Garde-marteau des eaux et forêts. — Employé qui veillait sur une certaine étendue de bois, et à qui était confiée la garde du marteau avec lequel on marquait les arbres désignés pour être abattus.

Reberioux (d'une famille de huguenots) vers 1720 ; puis les Poitrenaud, de père en fils, d'Eguzon, furent Gardes généraux des eaux et forêts. — Alabrée (1750) était garde des forêts.

Elle fut acquise plus tard par la famille Delacou, et passa aux mains de M. Huard du Plessis qui la revendit en 1890 à M. de Laire Georges, chimiste à Paris, frère de M. de Laire propriétaire de la Clavière.

Un Pérussault de Cros était allé s'établir à Argenton.

PIÈCE CURIEUSE. — Voici le consentement qu'il donne au mariage de sa fille :

« Je consent que l'officier public de la commune d'Eguzon marit Marie Pérussault avec qui bon lui semblerat, et m'oblige de signer l'acte de mariage quand l'officier ou tous autres me le présenterons.

Ce sept fructidor an 2º de la République française. »

Enregistré à Argenton le 14 fructidor an 2º de la Rép. fr. Reçu 20 sols.

Vu pour timbre.
A Argenton le 14 fructidor an 2º
reçu trente livres.

« Avec qui bon lui semblerat » est une perle. Un consentement semblable n'est pas trop cher payé de trente livres vingt sols. (*Trouvé dans les archives de la mairie*).

FIEF DE LA BRAUDIÈRE

La Braudière est un petit village situé à un kilomètre d'Eguzon, sur la route de Dun.

On y a mis à jour des matériaux qui semblent indiquer qu'il y avait là un ancien château, peut-être même une abbaye. Mais on n'a aucune donnée certaine à ce sujet.

Un acte notarié de 1684 parle du fief noble de la Braudière, avec cens et rentes sur les villages de Charchet.

Il appartenait à cette date à Jacques Laurandeau, demeurant à La Braudière, et à Etienne Laurandeau, de Montmorillon.

L'an 1684, le 19 janvier, avant midi, au bourg d'Eguzon, soubs la halle du dit lieu, fut présent Estienne Laurendeau. . . .

Lequel comme légitime administrateur de ses enfants et de défuncte honeste femme Gabrielle Chéroux, sa femme... héritiers de défuncts Blaize Chéroux, sieur de la Brodière et de damoiselle. . . . .

A donné plain pouvoir, puissance et mandement de pour et en son nom faire La foy et hommage pardevant le Juge et commissaire que besoin sera, donner par déclaration les bastiments, domaines et héritages cens et rentes qui dépendent du fief noble de la Brodière en la présente paroisse d'Eguzon et lui appartenant en quallités susdites, fournir et faire telles escriptures, etc. (*Etude Dauthy*).

En 1706, Félix Laurandeau, soldat au Régiment d'Anghien, compagnie de M. de la Clavière, vendit à Pérussault de Cros, le quart du fief et métairie de La Braudière et lieux en dépendants, moyennant la somme de neuf vingts livres. (*Acte notarié*).

Tels sont tous les renseignements que j'ai pu découvrir sur le fief de la Braudière.

PRIEURÉ DE LONGEFONT

FIEF D'ARGENTIÈRE, LA FERRIÈRE, BORDESOULE

Les Religieuses de Longefont possédaient dans la *paroisse* d'Eguzon, des terres dans les villages d'Argentière, de la Ferrière et de Bordesoule.

Le livre terrier du Prieuré de Longefont fait mention de la métairie d'Argentière (1554).

Quelques mots d'abord sur ce prieuré.

« Longefont, prieuré de femmes dépendant de Fontevrault, situé sur la Creuse, à moitié chemin d'Argenton au Blanc, » anciennement paroisse de Pezay, actuellement commune » d'Oulches. Tire son nom d'une vaste fontaine au bord de » laquelle le couvent fut établi, vers 1115, par Isambert, seigneur » de Cors, qui le donna à Robert d'Arbrissel, fondateur de » l'ordre de Fontevrault.

« Les principaux bienfaiteurs du prieuré furent Gérault ou » Giraud de Cors et Renée de Brenne, Fulchier ou Foucher » Duredent, Gaudin de Romefort, Guillaume de la Marche, sei- » gneur d'Eguzon, Raoul de Prunget, etc.

« Les dames de Longefont eurent beaucoup à souffrir durant » les guerres de religion : leur couvent, plusieurs fois pillé, fut » incendié en 1638, et elles durent s'établir dans le château de » Cors, qu'elles quittèrent le 2 septembre 1644 pour s'installer » dans les ruines du château d'Argenton. Elles revinrent à Lon- » gefont en 1645, lorsque Coudray voulut rétablir la forteresse » d'Argenton.

» Bien que la Communauté ait vu une grande partie de ses » titres dispersés ou brûlés, et, par suite, quantité de redevances » contestées et perdues, elle possédait encore, en 1727, de grands » biens et de nombreuses rentes sur les paroisses de Pezay, » Chitray, Ciron, St-Marcel, St-Plantaire, Eguzon, Baraize, » Cromac, Buzançais, Tendu, Langé, Vendœuvre, Mézières-en- » Brenne et à Scoury.

« Le revenu accusé par elle consistait alors en 4.151 livres 14 » sols d'argent et en 3.048 boisseaux de blé.

« Dans un Etat du prieuré de Longefont daté du 8 août 1727
» et dressé en exécution de l'arrêt du conseil d'Etat du 29 avril
» de la même année, on trouve :

« Les rantes d'Argentière et ès environs, es paroisses de St-
» Plantaire et Aiguzon avec une portion dans les dixmes de
» Baraize, affermée 50 livres par sous seins privé de 1721. »

(*Archives nationales G-9-640. Communiqué par M. Pierre*).

Le fief d'Argentière devait de rentes nobles dans la province de la Marche : 80 boisseaux de seigle et 30 d'avoine, mesure de Crozant, dont deux boisseaux ne font qu'un à la mesure d'Argenton (1702). (*Archives de l'Indre*).

---

*Arpentement des Tenues des villages d'Argentière,
La Ferrière et Bordesoule.*

Le 17 août 1705, à la requête de messire Silvain Galland, chevalier, seigneur des Lignières et autres lieux, maître Michel Poitrenaud, garde des eaux et forêts du roy, faisant tant pour lui qu'en qualité de tuteur des enfants mineurs de feu François Poitrenaud ; Joseph Dérigoin, sergent en la justice d'Eguzon, etc.

J'ai François Clément, arpenteur et apréciateur roial, sous-signé, certifie et raporte à tout ce qu'il appartiendra m'être exprès transporté jusqu'au village d'Argentière, de la Ferrière et Bordesoule, paroisse d'Eguzon, assisté de Claude Mitau, faisant aussi la profession d'arpenteur, lesquels dits trois villages ont été mis et joints ensemble pour en faire qu'une seule et même tenue.....

Lesquels dits villages j'ai mesuré et arpenté, et trouvé en tout 273 setrées et deux boisselées, mesure de Crozant, à raison de 100 chaînées par setrée et chacune chaînée de 22 piés de roi en carré, et ce y compris l'évaluation des bâtiments et autres meilleures terres ; lesquels dits villages et terres joignent d'une part à la croix des Lignières suivant le long du chemin par lequel du village de Puérault à Eguzon jusqu'au coin de la Bouige à Viollet et de là aux chesnes de la Bertoulade. Le dit chesne de là au milieu de la fosse à Boué, puis à un chatenier qui est au coin du grand pâtural dépendant d'Eguzon puis au Pin des Gorses et de là au coin de la forêt du Faisseau et coulant tout le long de ladite forêt jusqu'au village de la Ferrière, et de là tout le long du ruisseau qui descend de ladite forêt jusqu'au pré du dit seigneur d'Eguzon appelé le pré de la Forge et de là tombant ledit ruisseau dans la rivière de l'Abloux et de là à la planche de la Chaume et au pré des RR. PP. Augustins de la maison Dieu de Monmorillon, et de là au pré dudit seigneur des Lignières et aux terres d'icelluy appelées les coutures grandes et de là au coin dudit seigneur des Lignières.....

1ʳᵒ confrontation. — Au delà desquelles confrontations il y a des héritages qui étaient sujets aux tiers et quart des fruits qui ont été affranchis par les dames religieuses de Longefont moyennant 15 boisseaux de seigle de cens et rentes portant lots et rentes êtres surplus.

Il y a en tout trois tenues.

1° Le village d'Argentière est au devoir de 80 boisseaux de seigle, 16 boisseaux d'avoine, tous lesdits grains mesure de Crozant, 3 poules et demies et 10 sols en argent.

La 2ᵉ tenue, de Bordesoule, sujet au devoir par chacun an de 7 sous onze deniers et 14 poules et demies.

La 3ᵉ tenue, de la Ferrière, sujet par an de 12 deniers et une poule.

Touts lesquels dits devoirs ont été joints ensemble et se montent au nombre de 95 boisseaux de seigle, 16 boisseaux d'avoine, mesure de Crozant, 19 poules et 19 livres.

Les poules estimées 5 sols pièce.

Le tout de cens et rente noble directe et féodale portant lots et rentes selon la coutume du péis et comté de la Marche, et payable au jour et fête de St-Michel.

Un bail à ferme de la maison d'Argentière remonte à 1448.

(*Archives de l'Indre*)

Toutes les terres appartenant à l'abbaye de Longefont furent vendues comme biens nationaux en 1791, en même temps que celles appartenant à la cure d'Eguzon.

Le village de Bordesoule a disparu depuis ; plus de maisons ; mais encore de vieux murs et des arbres fruitiers dans des terres qui ont conservé ce même nom.

Le village de la Ferrière existe toujours ; il renferme 69 habitants ; mais enclavé dans la forêt du Faisceau, il ne peut prendre beaucoup d'extension.

Quant au village d'Argentière, il a près de deux cents habitants ; c'est le plus important de la commune ; de plus, par sa position, il est appelé à un accroissement considérable.

Depuis longtemps il réclame une école de hameau. Cette école réunirait près de cent élèves des deux sexes, venant des villages limitrophes dépendant de plusieurs communes (Eguzon, Parnac, Bazaiges), et cela sans nuire beaucoup aux écoles du chef-lieu.

Il est probable que les habitants d'Argentière, la question électorale étant en jeu, ne verront pas de longtemps l'accomplissement de leur désir.

Ils sont d'ailleurs (les habitants) assez prétentieux, dit-on : après l'école, il faudrait une église, puis des foires, etc.

En 1886, le conseil municipal a même demandé, pour Argentière, un bureau de tabac, qui n'a pas encore été octroyé.

On trouve à Argentière une tuilerie, des débitants, des épiciers et un peu tous les corps de métiers. Les habitants sont presque tous à leur aise.

Chaque famille a une portion du communal du Pez-Chauvet, ainsi que je l'ai dit ailleurs.

De plus, le village possédait les communaux appelés les Gouttes et les Bergères d'une superficie de 16 Ha. 01 a. 27 ca. Ces communaux ont été partagés en 1878, en 51 lots, et vendus 94 francs en moyenne, payables en dix termes égaux.

Le total forma une somme de 4809 fr. 78.

CHAPELLE D'ARGENTIÈRE

Le village d'Argentière possédait autrefois une chapelle desservie par un prieur.

Cette chapelle a disparu complètement ; il n'en reste plus vestiges. On n'en connaît même pas au juste l'emplacement.

Cependant tout porte à croire qu'elle était située à l'ouest du village, près de la route de St-Benoit. On a fait là certaines découvertes qui semblent justifier cette hypothèse. Quelques fouilles peu coûteuses éclairciraient ce doute.

En 1087, Durand, prête de Crozon fait donation de la moitié de l'église de Notre Dame d'Argentière, (De Argenteria) à l'abbaye de Marmoutiers près de Tours. (*Archives de l'Indre*).

« Un vénérable prêtre séculier nommé Durand, ayant la
» direction et la propriété des églises de St-Germain de Crozon
» de St-Michel du Puy, de Notre-Dame d'Aigurande et de No-
» tre-Dame d'Argentières, résolut d'abandonner ses propriétés
» à une abbaye dans l'ordre de laquelle il désirait entrer. Les
» considérations qui le déterminèrent à cette résolution sont
» exposées nettement dans une charte originale de 1807, con-
» servée aux archives de l'Indre. Ecoutons parler le fondateur
» lui-même.

. . . .

« C'est pourquoi ce vénérable prêtre, alla trouver l'abbé
» dom Bernard, qui était alors à la tête du monastère de Mar-
» moutiers ; se recommanda avec instances aux prières de ses
» religieux et demanda quel jour il voulait bien qu'il fut reçu
» moine de son monastère. Ainsi rempli de joie et d'allégresse,
» il institua ses héritiers, Saint Martin et ses moines, aux con-
» ditions suivantes. S'il meurt dans ce monde (qu'il échappe à
» ce malheur !) il leur abandonnera à titre perpétuel la posses-
» sion de tous les biens meubles, et immeubles qu'il possédera ;
» s'il prend l'habit monastique, avec lui ils recevront tous ses
» biens. Mais, pour l'instant il donne l'église de St-Michel du
» Puy, et toutes ses dépendances, c'est à savoir : la moitié de
» l'église de St-Germain, et à la mort du curé, l'autre moitié,

» l'étang, le moulin, les terres, l'église de Notre-Dame d'Aigu-
» rande, *la maison* et en outre, *l'église de Sainte-Marie d'Ar-*
» *gentière*.

« Ayant entendu que le susdit prêtre s'était donné, lui et ses
» bie..s, à Saint-Martin et à ses moines, le vénérable archevêque
» de Bourges, Richard approuva la donation et la confirma en
» vertu de ses pouvoirs épiscopaux, revêtit dom d'Homfroy de
» la possession de tous ses biens, suivant la régle de Saint
» Martin, pour subvenir à l'entretien des frères du susdit lieu de
» Marmoutiers. L'acte d'investiture se passa à Neuvy, devant
» l'autel de Saint-Sépulchre, etc.

(Tiré des chartres de fondation du Prieuré de Crozon, par
Eug. Hubert, *Revue du Centre*, année 1889, n° 2.)

C'est, je pense, tous les renseignements que l'on possède sur la chapelle d'Argentière.

Dans un ouvrage intitulé : Chroniques de la Marche, il est fait plusieurs fois mention de la dite chapelle, laquelle avait un prieur qui habitait une sorte d'hermitage dans les bois environnants.

C'était à l'époque des guerres de religion ; des bandes de huguenots parcouraient la Marche en tous sens, brûlant les églises et tuant les moines.

Ces bandes étaient d'ailleurs parfaitement organisées, et commandées par les seigneurs de la contrée.

Un grand nombre d'abbayes, de monastères et de chapelles furent détruites.

La chapelle d'Argentière paraît être du nombre.

Il est probable aussi que les terres qui en dépendaient passèrent par la suite entre les mains des religieuses de Longefont, qui les ont conservées jusqu'à la Révolution.

AVANT 1789

Sous l'ancien régime, la paroisse d'Eguzon était ainsi partagée sous le rapport des redevances :

Le bourg, Eguzonnet, Lavaud et les environs, dépendaient du seigneur d'Eguzon ; plus tard, de celui de la Clavière.

Le Bougazeau, Bord, Chambon, Charchet, Péguéfier, étaient au seigneur de la Clavière ;

Argentières et la Ferrière, aux religieuses de Longefond, au comte de Crozant et au seigneur d'Eguzon ;

La Feyte, aux religieux augustins de Montmorillon ;

Les Lignières, au seigneur des Lignières et aux religieux de Fontgombaud ;

Les Jarriges, aux Montmorency de Châteaubrun ;

Le Rocher, au seigneur de Gargilesse.

Le Chapître du Dorat, possédait aussi des terres à Eguzon.

Il est parlé ailleurs de ceux de ces personnages qui intéressent la contrée.

MESURES

Le boisseau en usage dans le pays valait exactement 14 litres 9 déc.

Le septier de Crozant, employé fréquemment à Eguzon, était de 8 boisseaux pour le froment et le seigle, et de 16 boisseaux pour l'avoine (1641).

La setrée était l'étendue de terrain sur laquelle on pouvait ensemencer un septier de grain. La setrée variait suivant la grandeur du setier. J'ignore la grandeur de celles d'Eguzon et de Crozant ;

A St-Germain elle était de 19 ares 20 ; à Limoges de 23 ares 74 ; à Bonnat de 25 ares 53 ; à Bellac de 51 ares 07.

Les setrées se divisaient en 4 quatronnées et en 16 coupées.

La pinte devait être celle employée à Argenton ou à Saint Benoist.

Elle valait :

A Argenton, 1 litre 288 ;
A St-Benoist, 1 — 367.

Le poinçon ou futaille valait :
A Argenton, 160 pintes ou 2 Hl 06.
A St-Benoist, 150 pintes ou 1 Hl 05.

(*Direction des droits réunis du département de l'Indre, 20 thermidor an XII*).

APERÇU DE QUELQUES PRIX

COMPTES TENUS EN 1675 PAR L'HOMME D'AFFAIRES DU CURÉ DE BELESBAT

Acheté à la foire d'Eguzon du 23 novembre 1675.

2 porcs, 24 livres 5 sols ; — 6 autres porcs, 64 livres ; — 3 porcs, 45 livres.

Acheté :
Un cheval pour Monsieur, 54 livres ;
30 moutons, à 3 livres 3 sols la pièce ;
35 livres de bœufs, à 6 blancs la livre ;
Une épaule de veau, 8 sols ;
10 pieds de cochon frais, 6 sols ;
50 livres de beurre, à 5 sols ;
2 boisseaux de bled noir, 25 sols ;
2 boisseaux de pois, 3 livres ;
6 chapons, 54 sols ;
2 paires de poulets, 12 sols ;
2 canards, 15 sols ;
9 douzaines d'œufs, 18 sols ;
1 brochet, 15 sols ;
3 carpes, 14 sols ;
1 bégasse, 7 sols 10 deniers ;
2 perdrix gris, 30 sols ;
1 fromage blanc, 3 sols ;
4 morceaux de morue, 8 sols ;
un pot d'eau-de-vie pour M. l'abbé, 10 sols ;
2 pintes d'eau-de-vie, 30 sols ;
2 pipes de vin, 22 livres ;

3 pintes de vinaigre à 2 sols 6 deniers la pinte ;
Un cent de fagots, 20 sols ;
Une charretée de bois, 16 sols ;
Une pippe de glands, 3 livres ;
Une bache de chaux, 18 sols ;
100 oranges, 3 livres ;
Citrons, 3 douzaines, 3 livres ;
giroflée 1/2 livre, 3 livres ;
eau de rose, 1 sol 3 deniers ;
Une paire de sabots pour le moutard, 2 sols 6 deniers ;
une paire de souliers pour monsieur, 50 sols ;
une paire de souliers pour le chasseur, 50 sols ;
une peau de chamois, 25 sols ;
Donné 3 livres 15 sols pour les 3 aubois ;
plus au cormuzeux pour une autre fois, 45 sols ;
Donné au jardinier pour 4 journées, 20 sols ;
A Mathurin Bienvenu, 4 journées, 24 sols ;
Pour aller porter 2 lettres à St-Germain, 6 sols ;
Au cardeur qui a cardé la laine pour le matelas de monsieur, 6 sols ;
Donné à la Perdrigette pour 13 lessives, 26 sols ;
A ceux qui ont enterré M. Durié, 30 sols ;
A celle qui a fait le luminaire, 4 sols ;

    Acheté :
2 pauds de chambre de faïance, 15 sols ;
2 pots, 6 sols ;
un pot à eau, 1 sol ;
4 verres, 4 sols ;
4 ratoires pour prendre les souris, 5 sols ;
une cuiller de bois, 5 sols ;
une boudinière, 2 sols ;
un tamis pour passer la farine, 9 sols ;
2 chandeliers de fer blanc, 4 sols ;
une livre de chandelle, 9 sols ;
10 aulnes de toile pour faire des nappes pour la cuisine 50 sols ;
10 aulnes de toile, à 9 sols ;
3 draps et une nappe, 9 livres 10 sols ;
Une main de papier pour monsieur, 3 sols ;

Parchemin, 5 sols ;
Encre, 1 sol ;
2 rames de papier doré, 6 livres ;
des couleurs pour le peintre, 13 livres 8 sols ;
Une main de papier timbré, 25 sols ;
Donné aux pauvres, 8 deniers, etc.

(Communiqué par M. Ponroy).

GABELLE

« Les provinces rédimées, telles que la Marche, c'est-à-dire
» exemptes de l'impôt du sel, ne laissaient pas d'acquitter un
» droit relativement modique, mais qui, eu égard à la grande
» quantité de sel qu'elles consommaient ou qu'elles versaient
» au moyen de la contrebande dans les pays de gabelles, devait
» former un chiffre assez considérable.

« Necker évaluait la consommation des provinces rédimées
» à 18 livres par tête.

« Pour empêcher la contrebande du sel, on avait d'abord ra-
» tionné les habitants des paroisses limitrophes des pays de ga-
» belles.

« On avait ensuite établi des dépôts de sel. » (*Louis Duval archiviste de la Creuse*).

A Eguzon la halle était l'ancien grenier à sel.

La contrebande s'y faisait sans doute, si on en juge par l'acte suivant que j'ai retrouvé à l'étude de M. Dauthy, notaire, à la date du 16 juillet 1775.

« Ce jour-là, on prie le notaire de se rendre devant l'église
» « pour dresser procès-verbal de l'insulte, de l'injure, de la
» profanation, faite ce jourd'hui dans la Sainte-Eglise dudit bourg au moment de la célébration de la Ste-Messe.

« Comparaissent Messire Pierre Achard, très digne prestre
» curé de la paroisse d'Eguzon, Messire Martial César Morel de
» Fromental comte de la Clavière seigneur d'Eguzon, messire
» François Galland de la Bussière, messire Henry Galland escu-
» yer sieur des Lignières, etc, etc. qui déposent ainsi :

« Une troupe de huit personnes couverts les uns d'habits de
» drap bleu, les autres de vestes d'étoffe grise, qui se sont dits être
» les sieurs Vinchon, Pennetier, et autres quidams inconnus,
» employés de gabelle des villages de la Hutte, paroisse de
» St-Plantaire, de Bonnu paroisse de Cuzion et dud. bourg de
» Cuzion, qui sans respect pour le lieu saint, animés par des
» mouvements de colère qu'ils ont fait paraître en criant inso-
» lemment à haute voix: arête, arête, sont entrés dans l'église et

» sous le porche d'icelle et ont saisi un particulier qui était à
» entendre la sainte messe que lesdits quidams ont accusé de
» fauxsonnage, ont lié cet homme sous le porche de ladite église
» et ayant fait des efforts pour l'en retirer tout le peuple alar-
» mé et surpris d'une telle profanation ont été forcé d'interrom-
» pre toute prière. Le tumulte de ces perturbateurs s'étant
» redoublé a même attiré le peuple hors de l'église le trouble
» ayant été continué avec différents cris à raison de l'évasion de
» ce particulier, led. sieur Achard s'est trouvé troublé dans
» l'exercice de ses fonctions plus d'une fois et il s'est vu sur le
point d'interrompre le service divin.   (*Etude Dauthy*).

On sait que les gens qui faisaient la contrebande du sel étaient activement recherchés, et qu'on leur faisait subir toutes sortes de tortures

On les poursuivait, comme on le voit, jusque dans les églises.

LA TAILLE

« L'arbitraire le plus complet présidait à toutes les opérations de la répartition de la taille. Tous les ans le roi en son conseil, après avoir arrêté la somme qu'il lui plaisait de lever dans tout le royaume, envoyait à chacun des intendants et aux trésoriers de France comprenant le bureau des finances de chaque généralité, un brevet contenant la fixation de la quote-part imposée à la généralité. Huit jours après l'intendant, de concert avec les trésoriers de France et les officiers des élections qui tous les ans devaient faire des tournées dans l'étendue de leur circonscription pour constater l'état des récoltes, les grêles survenues, etc, faisait la répartition générale entre chacune des élections, de la somme imposée à toute la généralité. L'intendant assisté d'un trésorier de France et de trois élus, se transportait alors dans chaque élection et faisait la répartition particulière des contributions entre les différentes collectes.

Les rôles de chaque collecte étaient faits par les maires consuls ou syndics des paroisses ou communes et par quatre ou six collecteurs nommés par les habitants.

La perception de l'impôt était faite par les collecteurs auxquels une indemnité était accordée (deux sous par livre) et qui étaient responsables du paiement de la taille.

Les collecteurs faisaient arbitrairement « en leur âme et conscience » les cotes des taillables, en proportion de la fortune apparente de chacun. (*Louis Duval, déjà cité*).

Ajoutons que quand un particulier réclamait une diminution d'impôt, le notaire se rendait à l'issue de la messe devant l'église, faisait sonner les cloches, assemblait le peuple, et demandait à chacun si la réclamation était fondée.

Elle était ensuite ou rejetée, ou prise en considération.

L'acte ci-dessous nous montre comment étaient nommés les collecteurs.

« Ce jourd'hui dimanche vingt-cinquiesme jour du mois
» d'octobre 1682, au-devant de la principale porte de l'église
» d'aiguzon le peuple sortant et affluant à l'issue de la messe dite

» et célébrée et servie, les habitants estant admis de s'assembler
» par le sieur curé du dict lieu ainsy qu'il a fait cejourd'hui en
» son prosne sur le Réquisitoire de M. Renjaud, Jacques de
» puismailloux, Silvain Brigand, Gabriel Casseroux et Silvain
» Pillat collecteurs et colleveurs des tailles de la présente collecte
» du clocher de la présente paroisse d'Aiguzon. L'année présente,
» après le son de la cloche, les habitants assemblés au devant
» de la grande porte de cette Eglise d'aiguzon ont tous unanime-
» ment délibéré sur la nomination des collecteurs de l'année
» prochaine suivant ordonnance de monseigneur l'intendant de
» cette générallité de Moullins et de messieurs les présidents de
» l'élection de la marche à Guéret et réquisitoire des susdits
» collecteurs de l'année présente pour leurs décharges, et nommé
» pour collecteurs de l'année prochaine Pierre Gallet fils de
» Louis porte-bourse et Jacques Martinet son ayde, Renjard
» Pierre et Léonard Lorin le Jeune, son ayde par moityé, Louis
» Chéroux et Michel Alamassée son ayde, françois Martin et
» Jean de la Plasse son ayde par moityé.

« Lesquels ils jugent capables et suffisants pour la levée des
» dittes tailles dont et par laquelle nomination les habitants et
» collecteurs de l'année dernière sus nommés nous requiers le dit
» acte que je leur ay octroyé pour leur servir et valloir ce que de
» Raison et ont déclaré ne sçavoir signer avec les soubssigner de
» ce enquis.

Delacou, notaire royal.

Le 17 septembre 1786, maistre Louis Poitrenaud, sindiq des habitants de ledit bourg et paroisse d'Eguzon et collecte de la Clavière en dépendant, expose que MM. les officiers de l'élection de Guéret lui ont enjoint de faire procéder à un nouveau tableau contenant la nomination de nouveaux collecteurs, attendu que celui fait le 18 Juillet 1784 ne s'est point trouvé au gré de MM. les officiers de la dite collection de Guéret, ni conforme aux anciennes ordonnances de nos seigneurs intendants.

A l'issue de la messe on nomme les nouveaux collecteurs ainsi qu'il suit.

ANNÉES	COLLECTEURS porte-bourse	Deuxièmes COLLECTEURS	Troisièmes COLLECTEURS	Quatrièmes COLLECTEURS	Cinquièmes COLLECTEURS
1787	Jacques Alagiraude des Granches	Léonard Lagoutte des Bourtiaud paroisse de Chantôme	Jean Vallantin de la Ligne.	Silvain Laberthonnière et ses frères de Vitra.	Jean Martain de la Ligne.
1788	Alasaunière de La Braudière et son fils.	Louis Vallentin et son fils aîné de la Ligne.	Jean Vallentin dit Blanchet de la Ligne.	Silvain Alasaunière du Bougazeau.	Henri Gorse de la Goutte du Bourg.
1789	Edouard Alabré du Bourg.	Pierre et Jean Boué père et fils du Bourg.	Silvain Laforest de Charchet.	Antoine Lauberthe d'Argentières.	Silvain Augendre et Gâteau son beau-père de Fressignes.
1790	François Pérussault de Croc	Pierre Gallais l'aîné de la Feste.	Silvain Marzet de Charchet.	Silvain Sigounaud de Messant.	Jean Rochat de Chambon.
1791	Pierre Delacou huissier au Bourg.	Léonard Brigand de Vitra.	Michel Gabillon de la Ligne.	Jean Belleuille fils de Fressignes.	François Delacou au Bourg.

Les collecteurs sont ainsi désignés jusqu'en 1814.

Cet état comprend en outre un certain nombre d'individus qui ne doivent pas payer la taille par suite d'indigence trop grande. *(Etude Dauthy.)*

Rôles de la taille qu'il a plu au roy imposer sur les habitants de la paroisse d'Aiguzon l'année prochaine 1737, montant pour le prix de la taille 2.400 livres, 6 deniers des collecteurs 60 livres 3 deniers par livre en sus de la taille, 30 livres sou par livre les dits trois deniers : 30 sous, sceau ; 9 livres 12 sous, quittance : 40 sous, revenant les dites sommes à celle de 2.503 livres 2 sous égalée comme suit :

Bourg :

Pierre Pinet et Georges Poitreneau son gendre 18 livres 15 sols ;

Jean Delaneau 10 sols ; Pierre Derigoin 10 livres 15 sols ; Jacques Casnard, 12 livres 15 sols, etc.

Il n'y a d'exempt que le sieur Prieur, disent les rôles ; cependant on n'y trouve pas les noms des seigneurs du pays.

Ajoutons que les rôles portent les noms de certains villages qui se trouvent aujourd'hui dans les communes de Baraize, de Crozant et autres. — (*Archives de Guéret.*)

Le seigneur des Lignières se plaint un certain jour à l'intendant de ce que la somme qu'on lui réclame lui semble trop élevée. Il fait valoir que l'année a été très mauvaise pour lui, et qu'il est dans l'impossibilité de payer.

Il implore un dégrèvement et promet de prier toute sa vie pour M. l'intendant s'il veut bien prendre sa demande en considération.

Cette épître touchante fut suivie du dégrèvement sollicité.

1789
PREMIÈRE RÉPUBLIQUE

Il semble qu'un millier d'années se soient écoulées depuis la Révolution de 1789.

Les habitants d'Eguzon, même les plus âgés, ignorent ce qui se passa dans le pays à cette époque.

On se souvient cependant de la terreur qui se répandit vers la fin de juillet 1789, à la nouvelle que 4000 brigands dévastaient une partie de la Marche, et s'avançaient sur le Berry, saccageant tout sur leur passage.

On fut plusieurs jours dans les transes ; à tout moment, au moindre bruit insolite, on criait : « Les voilà, les voilà ! » et chacun se barricadait de son mieux. — On en fut quitte pour la peur.

J'ai parlé ailleurs, (v. Galland des Lignières) de la scène qui se passa à l'église d'Eguzon, en 1790, où on arbora le drapeau blanc.

Vers la même époque, tout le mobilier de l'église, bancs, chaises, confessionnal, fut brûlé une nuit devant la porte de ladite église.

En octobre 1793, le juge de paix d'Eguzon, dans un rapport qui lui est demandé, déclare qu'il n'y a aucun émigré, ni aucun suspect à Eguzon; que les ci-devant nobles sont : Martialle et Louis Morelle frères, de la Clavière; Pierre Galland, Antoine Galland et la citoyenne Genty, veuve Henry Galland, des Lignières. (*archives de l'Indre*).

PRÊTRE RÉFRACTAIRE. — Le curé d'Eguzon, Antoine Momiron, comme la plupart de ses collègues du canton (Cuzion, Le Pin, etc.), refusa de prêter serment à la constitution civile du clergé, et donna sa démission.

Il se retira d'abord au château de la Clavière, fut poursuivi, arrêté et déporté.

Le 16 frimaire an II, on séquestra son mobilier.

Le récolement des « meubles et effets du curé réfractaire »

fut fait par Silvain Alabonne commissaire, envoyé par le comité de surveillance d'Argenton.

On trouva la plus grande partie du mobilier chez divers propriétaires, où le curé l'avait caché.

Tout fut saisi et vendu.

Un comité de surveillance avait d'ailleurs été établi à Eguzon, ainsi que dans toutes les communes.

M. Morel de Fromental, seigneur de la Clavière fut accusé de tenir des propos contre-révolutionnaires, de tenir chez lui des rassemblements de gens suspects et étrangers ; d'avoir dit qu'il se souciait peu des comités de surveillance, etc.

ARRESTATION. — Il fut arrêté par ordre du commité de surveillance d'Argenton.

Voici la copie du mandat d'arrêt décerné contre lui :

« Au nom de la Loy.

« Nous, membres du comité de surveillance d'Argenton, dé-
» partement de l'Indre, mandons à tous exécuteurs de la force
» armée de mendats d'arrêts et de tous dépositaires de la force
» publique, et spécialement au citoyen Jean Brunet officier de
» Jean d'armerie de conduire en la maison d'arrêts du dit lieu
» d'Argenton le nommé Fromantal dit La Clavière, demeurant
» au lieu de la Clavière, commune d'Ayguzon.

» Mandons au gardien de la ditte maison d'arrêts de le rece-
» voir le tout en se conformant au loy.

» Fait à Argenton en comité de surveillance le 19 ventose
» an deuxième de la République Française une et indivisible.

Signé : Grosset et Luneau.

Une perquisition fut faite au château de la Clavière. Les papiers saisis sont aux archives de l'Indre.

On y trouve le numéro 61 du journal de la République française, par Marat, l'ami du peuple, député à la Convention nationale.

Le n° 480 du Journal des Débats et de la correspondance de la société des Jacobins, amis de l'Egalité et de la Liberté, séante aux Jacobins, à Paris.

Un certain nombre de lettres de familles, dont j'ai extrait ce qui suit :

» Notre district a pris un arrêté pour obliger les citoyens de
» notre ville à porter dans le grenier commun bled et farine

» avec défense de boulanger chez eux et leur a fourni du pain
» comme aux autres habitants. »

Et encore : « Les brigands de la Vendée sont écrasés, pour-
» chassés et nous en verrons la fin sous peu. »

On saisit en tout 16 pièces, dont la plus remarquable est la suivante :

Messieurs,

« Dans les fêtes de l'antiquité notre sexe faisait des offrandes
» aux vrais soutiens de la Patrie ; nous renouvelons aujourd'hui
» cet usage, et nous vous prions de recevoir, sous les auspices de
» l'être suprême et en présence de toute la cité l'hommage de ce
» drapeau fédératif.

« Il est sans ornement et sans art, comme votre civisme
» est sans détour et sans feinte, il est paré des simples couleurs
» nationales, oh ! quelles autres couleurs pourraient avoir plus
» de charmes à vos yeux que celles qui sont l'emblême des pre-
» miers sentiments de vos cœurs.

« Nous le déposons entre vos mains, bien sures qu'il paraîtra
» toujours dans le sentier de l'honneur et de la liberté. Puisse
» cet étendard sacré nous assurer à jamais votre dévouement
» fraternel ! Puisse-t-il vous rappeler quelquefois les citoyennes
» de Tours ! Puisse-t-il enfin ne cesser de vous être cher que
» quand nous cesserons de célébrer votre loyauté, votre bravoure
» et surtout votre patriotisme ! »

ENQUÊTE. — *26 Germinal an II.* — « François Grosset et
» Jean daiguzon, membres et commissaires du comité de surveil-
» lance de la commune et district d'Argenton, nommés à effet
» d'entendre des témoins et prendre tous renseignements tant à
» charge qu'à décharge sur la conduite politique du citoyen Morel
» de la Clavière détenu en la maison de réclusion d'Indreville,
» se transportent à Eguzon dans une chambre de la maison de
» la citoyenne Delacoux, veuve Delacoux Dechezelle.

Sont entendus : François Delacou, maire d'Eguzon, Christophe Mongereau, notable de la municipalité, Quéry, Pierre Dérigoin, membre du comité de surveillance d'Eguzon, Denis Bouchaud, François Guioton, membre du comité de surveillance, Martinet Silvain, officier municipal, Jean Cadeau, maire de Chantôme, Pierre Guyoton, greffier du Juge de Paix ;

Tous font l'éloge de M. Morel ; tous reconnaissent que c'est l'homme le plus charitable de la contrée ; qu'il a toujours fait l'aumône, et plus fort encore depuis la Révolution ; qu'il a donné, en une année 300 boisseaux de pommes de terre aux indigents ; qu'il distribue à tout moment des assignats de 5, 10 et 15 livres aux malheureux ; François Guyoton ajoute que M. Morel lui a dit : « La Révolution me fait perdre cent mille livres ; elle fait le bien du peuple, je suis content. »

Mais tous ajoutent également qu'il a de fréquentes absences d'esprit. — (*Archives de l'Indre*).

M. Morel fut relâché.

Plusieurs personnes âgées se souviennent encore de lui. Il mourut en enfance.

Un autre noble, le chevalier d'Argier dont il est question au château des Jarriges, fut guillotiné. Voici une note que m'a communiquée M. Ponroy, et qui en fait foi.

Extrait d'un brouillon de lettre de Jean Cadeau, de Chantôme, à une lettre en date du 10 octobre 1793 de son frère Silvain Cadeau, chirurgien major à Brest.

Laristocrassery ne brille pas dans nos payi ; on ranferme ceux qui sont suspecte et gardé à leurs dépens. Le ci-devant Chevallié Dargié de St-Volry (St-Vaury), émigré de ton tems est guillotiné dimanche dernié. (Cettre lettre n'est pas datée).

(A cette époque les lettres mettaient 15 jours pour arriver de Brest à Chantôme).

Dans les comptes rendus mensuels, du 30 thermidor an VI au 1er brumaire an VIII, on trouve les renseignements suivants, concernant le canton d'Eguzon :

D. — L'esprit public est-il bon ? — R. Le peuple est tranquille.

D. — Quel est le nombre des Ecoles primaires ? — Aucune.

D. — Le port de la cocarde est-il observé ? — R. Par les citoyens et une faible partie des citoyennes.

D. — Désigner la commune où le culte s'exerce ? — R. Aucun prêtre n'exerce dans le canton.

D. — Les décadis sont-ils observés ? — R. Par une partie des citoyens.

D. — Les ministres du culte ont-ils reportés leurs cérémonies dominicales aux décadis ? — R. Aucun n'exerce dans le canton.
(*Archives de l'Indre*).

RÉQUISITIONS MILITAIRES

La population d'Eguzon se souviendra longtemps des années 1814 et 1815, qui marquèrent la chute du premier empire.

» Quelques individus n'ayant pas obtempéré aux réquisitions (ce qui compromet la subsistance des troupes), le Préfet de l'Indre arrête :

Article 1er. — Le maire de la ville d'Argenton est autorisé à envoyer un ou plusieurs garnisaires militaires au domicile des individus requis de fournir des grains, des fourrages ou des voitures pour le service militaire ;

Article 2. — Ces garnisaires recevront une indemnité de 3 francs pour chaque jour de station et pareille somme pour l'aller et le retour.

4 AVRIL 1814

A partir de cette date, les réquisitions pleuvent sur Eguzon ;

5 avril 1814. — Réquisition du maire d'Argenton. Tous les bœufs d'Eguzon attelés de leurs jougs, devront se trouver le 9 avril au soir à Argenton, pour aider au transport des objets d'artillerie existant à l'arsenal de Toulouse. Chaque bouvier se pourvoira de 15 livres de foin par bœuf. Les bouviers seront logés et recevront l'étape.

Chaque collier sera payé par des bons de requisition admissibles en acquittement des contributions extraordinaires.

5 avril 1814. — Le délai de 5 jours étant expiré, le maire d'Argenton accorde un nouveau délai de 48 heures à M. Morel Fromental, de la Clavière, qui devait verser 100 décalitres de seigle le 29 mars.

1815

15 juillet 1815. — Par arrêté du Préfet, Eguzon fournira pour l'armée de la Loire : 30 hectolitres de vin ; 80 hectolitres d'avoine ; 200 quintaux métriques de foin et 200 de paille, qui devront être versés dans les magasins de Bourges avant le 28 du même mois.

17 juillet. — Nouvelle réquisition de 100 décalitres d'avoine, et recommandation de placer sur le champ la garnison militaire

au domicile des retardataires ; employer à ce service les lanciers chargés de l'exécution du présent réquisitoire.

20 juillet. — Comme suite à un arrêté du Préfet, les habitants de la commune qui se trouvent appelés à participer à la réquisition sont divisés en 6 classes, d'après leurs facultés présumées.

La 1re classe payera 35 fr. par tête ; la 2e, 25 fr. ; la 3e, 12 fr. ; la 4e, 8 fr. 50 ; la 5e, 4 fr. 25 et la 6e, 1 fr.

L'argent sera employé à l'acquisition des denrées que la commune d'Eguzon doit fournir et livrer à Bourges.

22 juillet. — Requérir sur le champ un bœuf de 250 kg. qui devra être conduit à la Châtre le 29 juillet.

25 juillet. — Verser sous deux jours au plus tard au magasin militaire de la Châtre 150 décalitres d'avoine. Le délai écoulé on recevra la garnison militaire.

27 juillet. — Demande de 30 bœufs de 200 à 250 kg. qui devront être conduits à Argenton.

28 juillet. — Le canton donnera 100 quintaux de froment, autant de seigle et 2000 décalitres d'avoine, (à verser par quart à partir du lendemain)..

La réquisition se faisant attendre, Argenton envoie une garnison militaire ; les soldats seront nourris par les retardataires, et recevront 3 fr. par jour.

29 juillet. — Argenton réclame 100 quintaux de paille (dont 20 pour Eguzon), la plus longue possible, et pour le lendemain.

31 juillet. — Le maire d'Argenton envoie des éloges au maire d'Eguzon, pour son zèle à satisfaire aux réquisitions.

1er août. — On demande 700 quintaux de foin, bottelé en bottes de 15 livres 1/2 et 18 livres 1/2 ; (100 quintaux pour Eguzon).

Le 2 août. — 10 décalitres de seigle, 150 d'avoine et 75 de froment doivent être expédiés dans les 24 heures pour Cluis.

Le 3. — Un bœuf de 200 à 250 kg. devra être le lendemain à Cluis ;

Et toujours menace de garnisaires au domicile des retardataires.

5 août. — La dernière réquisition n'ayant pas été suivie d'effet, le maire de Cluis envoie deux lanciers ; l'un, le brigadier recevra 1 fr. 25 ; l'autre 1 fr. par jour.

7 août. — Le maire d'Aigurande n'ayant pas reçu les 75 Dl. de froment qu'il a réclamés, envoie deux gendarmes d'élite.

On renvoya ces gendarmes, mais comme on ne versa rien, ils revinrent bientôt.

Le 9 août, le Préfet dispense provisoirement Eguzon de fournitures à Argenton.

Le 10, le Préfet informe le Maire que les réquisitions seront versées à Eguzon même, qui possède des troupes.

Le 12, on retire les troupes provisoirement; aussi longtemps que les communes satisferont aux réquisitions dans les délais prescrits.

Le 20, la dispense pour Argenton est retirée.

Le 25, le maire d'Argenton réclame un bœuf gras pour le 28.

Le même jour, La Châtre réquisitionne 150 Dl. d'avoine vieille qui devront être rendus sous les deux jours.

J'ignore si après cette date il y eut de nouvelles réquisitions.

On se demande comment Eguzon pouvait suffire à des réquisitions venant chaque jour ou d'Argenton, ou de Cluis, La Châtre, Aigurande.

On pourrait se demander aussi ce qui pouvait bien rester dans les greniers et dans les étables, lorsqu'enfin tout rentra dans l'ordre, et que l'uniforme du dernier garnisaire eut disparu.

RÉPUBLIQUE DE 1848 & 2ᵉ EMPIRE

La nouvelle de la chute de Louis-Philippe Iᵉʳ et de la proclamation de la République fut accueillie à Eguzon avec enthousiasme.

Le 15 mars, un service funèbre fut célébré en mémoire des volontaires tués dans les journées des 23 et 14 février.

La garde nationale était sous les armes.

Sur la convocation du Maire, tous les fonctionnaires se réunirent à la mairie, d'où devait partir le cortège :

Avant le départ, on inscrivit sur le registre des délibérations la motion suivante :

« 15 mars 1848.

« Le Conseil de la commune d'Eguzon vient accomplir un devoir sacré en offrant son adhésion pleine et entière au gouvernement de la République. Il applaudit aux mesures sages et prudentes prises par lui.

« Assurer le bonheur du peuple et son indépendance, c'est le but que se proposent ses citoyens membres.

« Le vote que le Conseil apporte fait écho parmi la population éguzonnaise. Le gouvernement peut être assuré de son loyal concours ; il le trouvera toujours debout pour repousser le despotisme, la tyrannie, l'invasion de l'Etranger. »

L'assistance se rendit alors en grande pompe à l'église.

A l'issue de la cérémonie le curé demanda à arborer lui-même le drapeau, ce qui lui fut accordé avec enthousiasme. Cinq drapeaux furent hissés : sur l'église, la halle, la mairie, l'école et la gendarmerie, et on résolut de planter un arbre de la liberté sur la principale place.

On choisit un marronnier, qui fut promené, garni de rubans et d'oriflammes, par MM. Aloncle et Grasset, suivis d'une foule nombreuse chantant des airs patriotiques.

Un tonneau de vin fut défoncé sous la halle, et l'arbre fut planté au milieu de chants, de danses et de libations copieuses. Chacun l'embrassait tour à tour. C'était du délire. On entrait dans une ère nouvelle qui paraissait tout en rose.

Cependant, à la suite des troubles qui éclatèrent à cette époque dans une bonne partie de la France, l'enthousiasme pour le gouvernement républicain disparut presque complètement.

Le 15 mai 1849, l'élection des représentants du peuple à l'Assemblée législative a donné, pour tout le canton d'Eguzon, les résultats suivants :

Rollinat	703 voix ;
Fleury	696 —
Ledru-Rollin	656 —
Delaveau	613 —
Barbançois	598 —
Charlemagne	567 —
Grillon	547 —
Bertrand	544 —
Huard	528 —
T. Bondy	429 —
Germain	285 —
Pâtureau-Francœur	275 —
Lancosme	225 —

Lors des élections du 23 mai 1849, tout le canton vota à Eguzon, sous la halle, la salle de la mairie ne pouvant suffire.

En décembre 1848, lors de l'élection du Président de la République, le canton donna : à Louis Bonaparte, 1544 voix ; à Cavaignac, 101 voix.

Trois bulletins méritent d'être signalés ; l'un portait :

Les grenouilles demandent un roi.

Un autre : Pas de Président.

Un troisième : Dieu protège la France.

Le 2 décembre 1851, dans le vote relatif à l'acceptation ou à la non-acceptation du plébiscite, on enregistra 344 oui et 18 non, seulement.

C'est alors, semble-t-il qu'on voulut faire disparaître l'arbre de la Liberté.

Le juge de paix, M. Delagarde, semble en avoir assumé la responsabilité. Il donna l'ordre de l'arracher.

Aussitôt, une foule d'habitants, à la tête desquels se trouvaient les hommes qui avaient planté ledit arbre, s'assemblent sur la place, et veulent s'opposer par la force aux desseins de M. Delagarde. Celui-ci fut un peu maltraité et insulté ; on l'appelait « vieux merle blanc ». On le menaça, et il dut certainement son salut à l'intervention de M. Delacou dit Baulut, qui le fit entrer chez lui, et apaisa les plus exaltés par de bonnes paroles et de sages conseils.

L'arbre n'en fut pas moins abattu. On exerça des poursuites contre les auteurs de la manifestation et deux d'entre eux furent condamnés à la prison. Plusieurs autres furent soumis à une surveillance étroite et non dissimulée.

Toutes ces tracasseries ne pouvaient qu'être favorables aux visées de Bonaparte.

Cependant, la majorité du Conseil ne désirait pas un changement de gouvernement. Par onze voix contre cinq, elle repoussa le vœu suivant, émis par l'adjoint le 1er octobre 1852 :

« L'adjoint émet le vœu, en raison des services rendus à la
» France par Louis-Napoléon Bonaparte, président de la Répu-
» blique, dans l'acte du 2 décembre, de nous avoir sauvés de
» l'anarchie, pour plus de garantie pour la prospérité et la tran-
» quillité du peuple français, qu'il soit proclamé par le Sénat
» empereur des Français. »

Mais il semble qu'à Eguzon, il n'y a plus de républicains que dans le Conseil.

Lorsqu'on consulta les électeurs pour le Rétablissement de l'Empire (appel au peuple), on constata 439 oui et 7 non (2 bulletins furent annulés).

« A la nouvelle de la proclamation de l'Empire, le 5 décem-
» bre 1852, à midi, les autorités d'Eguzon, la presque totalité du
» Conseil municipal auquel se sont joints MM. les notaires
» d'Eguzon et Cuzion, le greffier de la Justice de paix, les huis-
» siers, M. le directeur de l'Enregistrement, le directeur de la
» poste aux lettres, l'agent-voyer, le buraliste, le brigadier de
» gendarmerie et les gendarmes, l'instituteur, et la plus grande
» partie des habitants d'Eguzon, ayant à leur tête le maire et le
» juge de paix, précédés du drapeau national, se sont transportés
» de la Mairie sur la place publique d'Eguzon. Là, M. le maire
» a lu à haute voix la proclamation de l'Empire, le Sénatus

» consulte, le plébiscite, etc. L'empereur Napoléon III a été
» proclamé au milieu de l'enthousiasme de la population.

« Pour conserver le souvenir de cette solennité patriotique,
» le présent procès-verbal a été consigné sur le registre des
» délibérations. »

Qu'était devenu le beau feu du 15 mars 1848 ? Et ces conseillers qu'on devait trouver debout, au milieu de la population éguzonnaise, pour repousser « le despotisme et la tyrannie » ? Et quel jugement porter sur un conseil qui, à deux époques si rapprochées prend des arrêts si diamétralement opposés ?

Il semble que, comme la girouette, il se tourne avec empressement vers le nouveau vent qui souffle, et fait mine de vouloir s'y maintenir. L'annonce d'un vent contraire le trouve néanmoins tout prêt à une nouvelle évolution. Il se retourne alors avec grâce, et s'endort content.

ATELIER DE CHARITÉ

En 1847, la misère était grande, le grain rare et son prix excessif.

Le Conseil décida qu'un bureau de charité serait établi dans la commune.

Il vota à cet effet une somme de cent francs, et sollicita et obtint du gouvernement une allocution assez forte. On fit appel aux personnes charitables, et on en obtint des dons de toute nature : argent, hardes, linge, etc.

Le bureau nomma un caissier qui devait enregistrer les dons, et prendre note exacte des distributions faites par le bureau. Sa gestion devait être soumise au Conseil en session de mai.

Pour créer de l'ouvrage, on résolut de faire des travaux sur différents points de la commune et sur la place publique. Une commission de cinq membres devait diriger ces travaux.

Mais bientôt l'anarchie régna dans la direction. Chacun tirait de son côté. Le maire s'aperçut que sur la place, en dehors des travaux d'utilité générale, il s'en faisait d'autres d'un caractère tout particulier au profit d'un membre de la commission. Ce dernier répondit aux observations qui lui furent faites, en traitant le maire de « vieille ganache ».

Le terme n'était pas parlementaire ; aussi le maire s'en jugea-t-il offensé.

Il convoqua le conseil, et présenta un rapport circonstancié, à la suite duquel on constata que la somme dépensée sur la place était supérieure à celle qu'on avait l'intention d'y sacrifier, et on arrêta les travaux.

TUMULTE. — Le 17 mai, les ouvriers furent congédiés.

Aussitôt quelques meneurs prennent la parole, excitant les ouvriers, disant qu'on leur devait du travail, qu'on leur enlevait leur pain ; ils les engagent à se porter tous chez les auteurs de la mesure prise, pour se faire donner de l'ouvrage, de l'argent ou du pain.

L'effervescence était grande, et déjà on se mettait en marche, lorsque le maire parut.

Il trouva au milieu de la foule le brigadier de gendarmerie auquel il enjoignit de rentrer immédiatement à la caserne, sa place n'étant pas là.

Le brigadier s'éloigna sur le champ sans réplique.

Le maire menaça les principaux meneurs de mesures énergiques, et leur intima l'ordre de se retirer sur le champ.

Enfin devant son attitude résolue, chacun se calma, et le tumulte, qui menaçait de tourner à l'émeute, s'apaisa.

Le Conseil vota des remercîments au maire, et signala les faits aux autorités administrative et judiciaire, afin d'empêcher, pour l'avenir, toute tentative de trouble.

Le bureau de charité fonctionna par la suite tant bien que mal et sans entraves.

En 1870, vu les circonstances difficiles, le conseil vota une somme de 1500 francs pour l'atelier de charité ; les ouvriers furent payés, pendant la mauvaise saison, 1 fr. 25 par jour.

Le bureau de charité ne fonctionne plus depuis longtemps.

Aujourd'hui, la commune dépense annuellement 5 à 600 fr. pour donner chaque semaine du pain aux indigents ; plus de 200 fr. pour soins et achats de médicaments ; elle prend à sa charge les frais de sépultures, et entretient dans les hospices plusieurs aliénés ; elle envoie aux eaux les malades auxquels ce traitement est ordonné ; elle donne gratuitement des fournitures scolaires aux enfants indigents ; elle occupe un certain nombre d'ouvriers malheureux, principalement à la mauvaise saison.

Enfin elle délivre un bon de pain aux ouvriers sans travail de passage dans la localité, et quelquefois assure leur transport par le chemin de fer jusqu'à une station voisine.

C'est au bas mot un billet de mille francs qu'elle sacrifie chaque année aux nécessiteux.

ÉGLISE [1]

L'ancienne église était située près du cimetière actuel, au fond du bourg, dans la partie sud.

En 1853, cette église, très vieille, menaçant ruine, fut interdite. La halle fut convertie en temple provisoire ; on l'entoura de planches, on y installa l'unique cloche, et on y célébra les offices du culte jusqu'en 1859.

On décida de réparer d'abord la moitié de l'église. Le Sous-Préfet promit de l'Etat une subvention de 8000 fr. si la commune votait une somme de 12000 fr. Mais l'état financier de cette dernière ne lui permettait pas une imposition aussi forte ; néanmoins elle vota un emprunt de 8400 fr.

On fit une souscription publique ; on s'adressa même à des personnes étrangères à la commune, on recueillit 3245 francs. De plus, on y sacrifia l'indemnité due par l'administration du chemin de fer pour acquisition de terrain.

Une deuxième souscription se fit par la suite, et produisit 2587 fr.

Cependant la subvention promise n'arrivait pas. On réclama au Sous-Préfet, au Préfet, à l'archevêque, au ministère ; on implora même l'impératrice. On ne voyait rien venir.

On se plaignait de ce que la halle ne rapportait plus rien à la commune ; que les marchands ne venaient plus aux foires, ne pouvant plus s'y abriter ; que tout cela causait un grand préjudice ; que d'ailleurs on ne pouvait pas indéfiniment célébrer la messe dans un lieu mal clos, où l'on gelait en hiver, etc.

Rien n'y fit.

Tout d'un coup, en 1856, on change d'avis ; on ne réparera pas l'ancienne église, on en construira une nouvelle sur la principale place d'Éguzon.

---

[1] En 1212 le pape Innocent III confirme un droit de patronage de l'abbaye de Déols sur diverses églises, entre autres sur celle d'Eguzon (Ecclesiam Aguzun). — (Lettre d'Innocent III, éd. Baluze, livre XV, t. II, pages 665 et suiv.)

Eguzon, bien que faisant partie de la Haute Marche, dépendait du diocèse de Bourges (Voir carte de Nicolas de Nicolay).

On achète des époux Choret une maison jugée nécessaire à l'emplacement. Mais on ne voudrait rien débourser. On trouve la combinaison suivante : on abandonnera aux époux Choret une parcelle d'ancien chemin qu'ils convoitent depuis longtemps ; et les 1660 francs qu'on doit leur donner en plus seront payés sur le rabais que l'entrepreneur fera au moment de l'adjudication.

Les ressources de la commune n'étant pas encore suffisantes, l'archevêque de Bourges conseille la vente du presbytère ; le prix en sera employé à la construction projetée.

Le Conseil municipal demanda en effet la vente du presbytère ; il s'engagea à affermer un local près de la nouvelle église pour loger le curé.

Cette délibération ne fut pas approuvée.

Cependant le nouvel emplacement n'était pas du goût de tout le monde. Le curé lui-même n'est pas satisfait.

CONFLIT. — Le maire lui écrit une lettre acerbe où il dit « qu'il ameute les gens chez lui pour leur faire signer une « pétition rédigée par des républicains pour s'opposer à la « construction de l'église ; que la conduite de ces républicains « n'a rien d'étonnant puisqu'ils tâchent toujours de se mettre en « travers de toutes les bonnes choses, et qu'on les a souvent « traités de démolisseurs ; qu'il ne devait pas croire que lui, « curé, prêterait son concours à une pareille menée, que si « immédiatement il ne fait cesser cet état de choses et ne biffe « pas sa signature de la pétition, il en informera de suite le « chef administratif du département, ainsi que monseigneur le « cardinal.

Enfin l'adjudication de la nouvelle église sur un devis dressé par M. Dauvergne, et s'élevant à 25000 francs, se fit en décembre 1857 au profit de M. Charbonneau, entrepreneur.

Ces 25000 francs devaient être couverts au moyen des ressources suivantes :

1ʳᵉ souscription	3245 fr.
Emprunt	8400
Secours du Conseil général	500
Subvention de l'Etat	5000
— du département	1500
— sur les amendes de police correct.	400
2° souscription	2587
Terrain pris par le chemin de fer	874
Vente de vieux chemins	300
Vieux matériaux de l'ancienne église	2245
TOTAL	25051 francs.

Le 5 mai 1858, la bénédiction de la première pierre angulaire qui soutient les arcs du chœur et de la chapelle du côté droit, se fit par M. Noblet, curé de St-Benoît, assisté de tous les curés du canton et de ceux de Crozan, St-Plantaire, Arthon, Lourdoueix-St-Michel (ce dernier accompagné de la musique du séminaire), du conseil municipal et de la gendarmerie.

Des pièces de monnaie au millésime de 1858 furent déposées dans un trou pratiqué dans l'intérieur de cette pierre.

A la suite de la cérémonie on fit une quête qui produisit 36 francs.

Le 14 juin 1859, le mardi de Pentecôte, le curé de La Châtre, assisté de 14 prêtres, bénit la nouvelle église en présence de plus de 2000 fidèles accourus pour être témoins de cette cérémonie.

Cependant l'église n'était pas entièrement terminée.

Des travaux supplémentaires pour la construction de chapelles latérales, de sacristie, etc., se firent en 1873, sur un devis de 21996 francs.

Il fallait de plus un autel (qui a coûté 1000 fr.), des bancs, un chemin de croix, des vitraux, etc.

On fit une troisième souscription publique qui s'éleva à 2211 francs, et on emprunta une somme 10000 francs.

Grâce à ces ressources, et à de nouvelles subventions, l'église fut enfin terminée.

Elle est de style ogival; son clocher, très remarquable par sa flèche fine et élancée, est orné d'une horloge, et renferme trois cloches dont il est parlé ailleurs.

PRESBYTÈRE. — Le curé Mijotte, dès son arrivée à Eguzon, refusa de loger dans l'ancien presbytère, sous prétexte qu'il était insalubre, et réclama de la commune une indemnité de logement qui lui fut allouée.

Le curé loua un peu plus tard ce presbytère pour y installer provisoirement les institutrices congréganistes.

Enfin, en 1869, le conseil demanda de nouveau la vente du presbytère. Cette vente se fit au profit de M. Robin, qui en est encore propriétaire.

Le Conseil vote annuellement au curé une indemnité de logement de 400 francs. Ce logement est actuellement une maison assez coquette située un peu en dehors du bourg, dans la partie sud-est, et appartenant à M. Barbaud.

Elle est située sur un mamelon d'où on jouit d'une vue magnifique sur la vallée du ruisseau de la Clavière.

L'horizon s'étend à l'est jusqu'au-delà de la Creuse dont on n'aperçoit que vaguement les bords escarpés, en raison de la colline qui sépare les vallées des deux rivières.

Au-dessus, dans le fond, le château des Couvieilles se montre en entier ; le clocher et le vieux château de Bonnu émergent des bois. Plus au sud, les collines de Saint-Vaury, à plus de 40 kilomètres, se détachent nettement et limitent l'horizon.

En 1890, les élèves d'une école professionnelle de Paris firent un séjour de quelques semaines à Eguzon, et logèrent dans cette maison, alors inhabitée.

On ne pouvait mieux choisir, sous tous les rapports, pour un séjour à la campagne.

LA HALLE

« Tiens, M. X., vous arrivez de voyage ? — Oui, je viens d'Eguzon. — J'ai entendu parler de ce pays, surtout au moment des élections. Qu'y-a-t-il donc de beau à Eguzon ? — La halle, monsieur ; c'est le monument le plus remarquable. »

Voilà la réponse invariable faite par tous les voyageurs.

La halle, située sur la principale place d'Eguzon, est en effet un monument antique, mais bien peu remarquable. Elle masque en partie l'église.

Elle a 25 mètres de long sur 8 de large. Elle se compose d'une toiture en tuiles affaisée sur 24 piliers, dont 16 sont autour et 8 à l'intérieur.

Ces piliers sont en bois, reliés par des traverses également en bois. Sur ces piliers on peut poser des planches qui servent de rayons pour déballage.

La halle est ouverte à tous les vents.

Elle est utilisée par les marchands forains les jours de foires. Les autres jours, elle sert à abriter les voitures chargées, principalement à l'époque de la moisson.

Elle rend si peu de services, et son aspect est si peu pittoresque, que beaucoup d'habitants, surtout les voisins, désirent ardemment qu'on la fasse disparaître pour agrandir la place et embellir le bourg.

Il est évident que le bourg d'Eguzon n'y pourrait que gagner comme coup d'œil. On aurait alors une place assez vaste dont on pourrait faire une promenade magnifique en y plantant quelques arbres et en y mettant des bancs.

On doit prochainement établir sur cette place un bassin avec jet d'eau.

La halle, massive et décrépite, se réflétant dans le bassin, ne produira pas, comme antiquité, un effet bien remarquable au soleil couchant, et tout porte à croire que la municipalité fera disparaître cette relique comme n'étant pas classée parmi les monuments historiques.

La halle était une possession du seigneur de la Clavière. Elle est aujourd'hui réduite au tiers de ce qu'elle était (1).

Après la Révolution, le seigneur n'en pouvant plus tirer le même revenu, l'abandonna peu à peu et n'y fit plus de réparations.

Les habitants d'Eguzon, qui en tiraient profit, se cotisèrent plusieurs fois, pour en entretenir une partie à peu près en bon état. On la louait à l'occasion, et les revenus servirent à les indemniser de leurs dépenses.

Vers 1830, le Conseil municipal voulut l'acheter.

Puis un peu plus tard, revenant sur une première délibération, il s'en déclara propriétaire, prétextant que les héritiers du seigneur de la Clavière n'avaient pas fait acte de possession depuis plus de 30 ans et qu'ainsi elle devait être acquise à la commune par droit de prescription.

Mais alors elle fut revendiquée par M. Morel de Fromental, de la Clavière, un des héritiers.

En présence des titres fournis par ce dernier, datant de 1733, 1785 et de l'an 9, le Conseil de préfecture déclara qu'il n'y avait pas lieu d'autoriser la commune d'Eguzon à contester judiciairement aux héritiers Morel de la Clavière la propriété de la halle (1833).

Le Conseil s'inclina devant cet arrêté, fit estimer la halle, et, en 1835, en fit l'acquisition moyennant la somme de 1000 francs.

En 1841, le Conseil décida que les marchands forains payeraient, sous la halle, par deux mètres carrés occupés par eux :

Pour le rang du côté du midi, 1 fr. 50 ;

Pour le rang du milieu, 1 fr.;

Pour le rang du côté du nord, 0 fr. 75.

Ces prix nous paraissent un peu élevés.

Aujourd'hui, ils payent uniformément 0 fr. 30 par mètre carré ; le matériel, qu'il soit ou non fourni par le péageur, se paye 0 fr. 05 le mètre courant de planches, et les trétaux, 0 fr. 05 la pièce.

---

(1) La halle était un ancien grenier à sel.

En 1822, le maire d'Eguzon dit que c'est la plus belle et la plus vaste du département de l'Indre et même de la Creuse.

Elle est bien déchue de son ancienne splendeur.

L'EAU A ÉGUZON

Eguzon n'a pour ainsi dire pas de puits proprement dits, si on entend par puits ceux qui sont exclusivement alimentés par de l'eau de source. La plupart s'emplissent à la fonte des neiges et à la saison des pluies, et se vident rapidement en été.

Aussi les propriétaires tiennent à leur eau, et la plus grande partie de la population est obligée de s'approvisionner à deux fontaines assez éloignées, qui heureusement ne tarissent jamais, l'une est située au fond du champ de foire, dit pré de St-Paul, et l'autre sur la route d'Orsennes, près de l'étang de M. Huard.

En cas d'incendie, il serait impossible de combattre le feu dans le bourg d'Eguzon.

En 1864, le Maire exposa au Conseil « que depuis bien des
» années on s'est préoccupé de trouver le moyen d'amener des
» eaux de fontaine sur les places publiques d'Eguzon, afin de
» pourvoir les habitants de la ville de ce premier élément de la
» vie ; que jusque-là toutes tentatives sont restées infructueuses
» parce que le Conseil municipal ne pouvait disposer d'aucune
» ressource pour parer à la dépense. »

Il croit le moment venu de mettre ce projet à exécution.

M. l'abbé Mignerat se fait alors le promoteur d'une souscription volontaire, dans le but d'alléger les dépenses communales.

On souscrivit 5.338 francs en argent et 234 journées de travail évaluées à 351 francs, soit au total 5689 francs.

La fontaine de la Verrière fut choisie comme étant la plus abondante, et l'eau en fut reconnue excellente par l'analyse.

L'abbé Mignerat fit les études nécessaires, les plan et devis, pratiqua des sondages, obtint de certains propriétaires l'abandon de leurs droits, et calcula que le montant de la dépense serait de 7155 francs.

D'où le déficit de 1466 francs sur la dépense totale.

Il s'engagea à amener à ses frais les eaux de la fontaine désignée, à condition que le Conseil lui abandonnerait et lui garantirait le montant de la souscription, et lui ferait l'abandon du surplus des eaux.

Le Conseil accepta à l'unanimité.

M. Foix, agent-voyer, fut chargé de vérifier le travail de l'abbé Mignerat.

Il reconnut que le projet était réalisable, mais que peut-être il y aurait un excédent de dépense.

Sur ces entrefaites, plusieurs propriétaires élevèrent de grandes prétentions ; ils s'opposèrent à la captation des eaux, et demandèrent des indemnités exorbitantes, que le Conseil refusa de voter.

Le projet fut enterré.

L'abbé Mignerat mourut à cette époque.

Le Conseil, pour reconnaître les services qu'il avait rendus à la commune, décida qu'une concession perpétuelle lui serait donnée dans le cimetière.

La délibération ne fut pas approuvée.

Il vota alors une certaine somme qui fut versée à sa famille, pour l'indemniser des travaux et des dépenses que l'abbé avait pris à sa charge.

En 1892, la question des eaux fut de nouveau soulevée.

A la suite d'une sécheresse exceptionnelle, il était impossible de se procurer de l'eau dans le bourg d'Eguzon, tous les puits étaient taris.

Le moment était donc bien choisi.

Le Conseil municipal sur la proposition de M. Dauthy, maire, vota une première somme de 500 francs pour l'étude d'un nouveau projet.

Les eaux de plusieurs sources furent analysées, et on fixa son choix sur la fontaine des Augeades, comme étant la plus à proximité d'Eguzon (1500 mètres), et devant soulever moins de difficultés de la part des propriétaires, partant moins de dépenses.

Après jaugeage, on reconnut qu'elle pouvait donner en 24 heures, 56 mètres cubes d'eau ; soit 122 litres par personne (y compris le village du Pouzat).

Le débit était donc suffisant.

M. Dauvergne, architecte du département, fut chargé d dresser le nouveau projet.

Il fit un devis qui excédait 20.000 francs.

La dépense parut trop forte.

Après des combinaisons nouvelles, on fit un nouveau devis qui fut réduit à 13.000 francs.

Le Conseil décida qu'il n'y consacrerait que cette somme, et vota un emprunt de 13,000 francs.

Le plan de M. Dauvergne fut abandonné, et on chargea M. Appé, ancien agent-voyer d'arrondissement, de faire un projet sur les données du Conseil.

L'étude suit son cours, et tout porte à croire qu'avant peu les habitants d'Eguzon pourront enfin avoir de l'eau à volonté.

Un premier bassin de distribution doit être établi au faubourg de Pouzat, et une fontaine monumentale avec jet d'eau sera installée sur la place publique.

Une trentaine d'habitants ont déjà souscrit des concessions pour avoir l'eau dans leur habitation, et le produit de ces concessions couvrira en grande partie la dépense.

Elles seront même, pour l'avenir, une source de revenus pour la commune.

REGISTRES DE L'ÉTAT-CIVIL

Les Registres de l'Etat Civil remontent à 1712.

Il étaient tenus, comme partout, par le curé, qui n'apportait pas à la rédaction des actes tous les soins qu'on est en droit d'exiger pour des pièces aussi précieuses.

Les actes étaient faits sur un seul registre.

Pas de phrases, pas de bureaucratie ; en deux lignes on faisait les choses ; exemple :

« Le 27 janvier 1712 est née Anne Poitreneau, fille de Jean
» Poitreneau et de Marguerite Lamy, et a été baptisée le 28 par
» moy. Le parrain a été Sylvain Martinet, et la marraine Anne
» Pinet.

Signé : Lasmolles, prêtre.

Comme on le voit, c'était court ; mais il y avait tout ce qu'il fallait.

Aujourd'hui on ne se contente plus d'actes aussi concis ; on donne une formule qu'il faut suivre, en dépit du français, formule qui rappelle quelque peu les exploits des huissiers.

Souvent les actes étaient sur des feuilles volantes ; quelques-uns ont été oubliés, et ajoutés, après coup, en marge des registres. Ces derniers sont surtout des actes concernant des personnages importants pour l'époque, ce qui porte à croire que beaucoup ont été oubliés ou négligés, qui se rapportaient au commun des mortels.

Le 9 avril 1736, une déclaration de Louis XV prohibe les feuilles volantes.

Dès lors, de 1737 à 1791, les feuilles timbrées sont paraphées par le lieutenant général de la sénéchaussée de la Marche (Hte-Marche) et du siège présidial de Guéret.

Lors de la création des départements, Eguzon, qui dépendait de la Marche, fit partie du département de l'Indre.

De 1791 à l'an IV inclus, les registres furent paraphés par président du district d'Argenton.

Ils le furent, pour l'an V, par le président du département de l'Indre ; ils portent alors, pour la première fois, les mots Liberté-Egalité.

De l'an VI à l'an VIII, c'est Jean Silvain Delacou, président de l'administration municipale du canton d'Eguzon, qui remplit cet office.

De l'an IX à l'an XIII, ils sont cotés et paraphés par le sous-préfet de La Châtre.

Enfin de l'an XIV à nos jours, ils le furent par le président du tribunal de La Châtre.

La lecture des actes de l'Etat civil est un peu fastidieuse ; cependant on y trouve des choses remarquables, tant au point de vue de l'histoire qu'à celui des mœurs.

LETTRES DE CACHET. — Ainsi nous apprenons que les fameuses lettres de cachet, qui ont illustré le règne du Bien-Aimé, n'étaient pas tout à fait inconnues dans le pays.

Dans un acte de naissance enregistré en 1739, il est dit que le père de l'enfant, Jean Delacou « est détenu dans les prisons royalles de Bourges par lettre de cachet. »

Qu'avait fait le pauvre homme, et quels ennemis puissants l'avaient fait arrêter ?

Voilà ce que l'acte aurait bien dû nous apprendre. Ce Jean Delacou n'était probablement pas le premier venu.

Les Registres ne servaient pas non plus exclusivement à insérer les actes de l'Etat civil. Si ces derniers faisaient l'objet de 3 ou 4 lignes d'écriture, on trouve en revanche certaines déclarations qui remplissent 8 feuilles de timbres, d'une écriture large qui frappe vivement l'attention.

En voici une reproduction :

DÉCLARATION DE GROSSESSE. — « Aujourd'hui, 8 juin 1768,
» environ les deux heures d'après-midi, au bourg d'Eguson et
» en notre hotel et pardevan nous Jacques François Delesgue,
» ancien procureur en la justice d'Eguzon, Fougère et Laubier y
» faisant les fonctions de juge comme pourvu de cette office, Est
» comparu en sa personne François G... veuve de Louis V...
» demeurant en ce bourg, laquelle nous a volontairement déclaré
» qu'elle aurait eut le malheur de ce laisser séduire par les pro-
» messes et paroles flateuses de Jean D. marchand et collecteur

» de la dite paroisse demeurant au village de La Gigrasset,
» paroisse de Champtôme qui par ses fréquentes assiduités
» l'aurait engagée de succomber à ses sollicitations ou empresse-
» sement et des œuvres duquel elle nous a déclaré être enseinte
» depuis environ huit mois, nous l'ayant ainsi juré et affirmée
» moyennant le serment que nous avons pris et reçus de la dite
» G... au cas moienant lequel elle nous a même déclarée n'avoir
» adhérée aux pressantes sollicitations à elle faittes par l'accusé
» que dans le vuë et sous promesse de lui aider, la nourir et
» entretenir de son mieux ainsy que l'enfant qui naîtrait de leurs
» œuvres aux soins desquels il a promis porter toutes ses atten-
» tions de laquelle comparution et déclaration et affirmation elle
» nous a requis acte pour se conformer aux édits et déclaration
» que nous luy avons octroyé pour servir et valoir en tems et
» lieu ainsy que de raison et nous nous sommes soussigné avec
» Léonard Alabrée, praticien de ce bourg que nous avons pris
» pour notre commis greffier après avoir de lui pris et reçu le
» serment en cas requis. La dite Françoise G. ayant déclarée ne
» sçavoir signer de ce enquise et interpellée suivant l'ordon-
» nance. »

Une déclaration identique est faite à la date du 15 novembre 1769.

Un autre, de 1778, dressée par Christophe Maügenest faisant fonctions de juge, faite sur feuille détachée, se trouve dans le registre.

En 1745, « Achard, desservans la cur.: deguzon » termine les registres de l'année par ces mots :

Finis adest campana sonat.

Le même curé commence un acte :

Le 20 mars 1748 a été baptizée :

nihil dèest

puis il reprend à la suite :
le 5 avril et an que dessus, etc.

En 1753 et 1754, il inscrit après le dernier acte :

nil dèest.

« Le 12 février 1768, a été inhumé un homme que MM. les officiers de la justice de Châteaubrun ont reconnu être la personne de maitre Etienne Cujas, chirurgien, procureur en la justice de Châteaubrun, décédé dans le petit ruisseau du moulin de l'étang proche la rivière de Creuse, vêtu d'un habit couleur de maron ayant sur soi pour marque de chrétien un chapellet et une paire d'heure intitulé étraine-spirituelle dédiée à monseigneur le Dauphin, et qui paraissait avoir l'âge d'environ 68 ans, sa taille était à la hauteur d'environ cinq pieds, portant perruque en présence de etc.

Signé Achard curé d'Eguzon.

En l'an 3, il y eut un seul mariage célébré à Eguzon ; en l'an 9, il y en eut trois.

En l'an 7 et en l'an 8, les actes ne sont pas signés, à la fin de chaque année, il y a : certifié conforme par le Sous-Préfet, ce qui porte à croire que les registres ont été détruits pour ces années.

La noblesse qui, au moyen-âge, se glorifiait de son ignorance et ne portait la plume qu'au chapeau, paraît s'être reconciliée depuis avec l'instruction.

Peu d'actes de l'Etat civil portent des signatures ; ceux qui sont signés, les actes de mariage en particulier, l'ont été presque tous par les seigneurs, parents ou témoins des époux. Ces signatures sont en général très-lisibles ; les caractères sont grands et larges ; l'écriture belle ; les paraphes, très rares il est vrai, sont souvent des enchevêtrements assez gracieux de courbes, formant queue ordinairement, et qui défient toute reproduction. On n'en admire pas moins l'habileté de la main qui les a faits.

Ci-joint quelques spécimens.

Les actes de l'Etat civil furent rédigés par les curés d'Eguzon jusqu'en 1793.

En 1793, ils le furent par Jean Silvain Delacou, membre du Conseil général de la commune, élu le 9 novembre 1792 pour dresser les actes ;

Le 17 novembre 1793, ce Delacou fut remplacé par Pierre Guioton. Les actes sont rédigés en son absence par Léonard Bardon, officier municipal, en l'an II et en l'an III. Puis vient François Delacou, an IV et an V, remplacé par Pierre Dérigoin, an VI, VII et VIII.

L'an IX et l'an X, Pierre Dérigoin est maire provisoire.

Sous la Ire République, la mairie se nomme « le lieu de la réunion décadaire »

On trouve beaucoup d'actes de personnes nées ou décédées dans la commune de Chantôme.

Voici depuis cette date, la liste des maires de la commune d'Eguzon, avec le nom des adjoints que j'ai pu retrouver.

ANNÉES	LISTE DES MAIRES	ADJOINTS
an II	Jean Paillier et Menu.	Dérigoin.
1807	Delacou.	X.
1813	Paul Augustin Delacou.	Dérigoin.
1828	id.	Galland.
1813-1840	id.	
1841	Louis Mignerat.	Belœil Pierre.
1846	Bourgeois Pierre.	Camard.
mars 1848	Paul Augustin Delacou.	
juin 1848	Désiré Prunget.	
août 1848	Paul Augustin Delacou.	Dérigoin.
1850	Mingasson Simon.	id.
1856	David Philippe Anastase.	id.
1867	Pierre Louis Jules.	Mignerat.
1869	Dauthy Désiré.	Blavin.
1875		Brunaud.
mai 1882	Jautrou Louis.	Journeau.
octobre 1890	Lucien André-Châteaufort.	Auchaine.
juin 1891	Malesset Silvain.	Guyoton Pierre.
mai 1892	Dauthy Désiré.	Auchaine.

ÉLECTEURS ET ÉLECTIONS

Je n'ai pu retrouver de listes d'électeurs antérieures à 1831.

Ces listes ne devaient pas être longues, si elles ne comprenaient que les propriétaires payant 200 fr. d'impôts.

En 1831, lors de la nouvelle loi, les électeurs censitaires étaient au nombre de 120. Le plus imposé payait 504 fr. d'impositions, et le moins imposé 16 francs.

En 1834, le canton d'Eguzon possède 50 électeurs départementaux, savoir : 18 membres du collège électoral, 4 jurés non électeurs, 28 électeurs complémentaires. Parmi ces derniers, deux seulement sont d'Eguzon ; Bourdin Christophe, aubergiste, payant 95 fr. 08 d'impositions, et David Luc Léon, propriétaire, payant 86 fr. 51. Il y a en outre 10 électeurs suppléants.

En 1848, le nombre des électeurs était de 457 ; il est aujourd'hui d'un peu plus de 500.

La majorité a été longtemps favorable aux monarchistes soit pour le choix d'un conseiller général, soit pour celui d'un député, soit pour celui de la municipalité.

En 1848, M. Delacou Paul-Augustin était conseiller de département ; MM. Pinet et André Châteaufort, conseillers d'arrondissement.

En 1852, même conseiller de département avec MM. André Châteaufort et Moreau, notaire, pour conseillers d'arrondissement ;

En 1854, M. A. P. David est conseiller général ;

En 1858, même conseiller, avec MM. Delagarde, juge de paix, et Chauvat, avocat, pour conseillers d'arrondissement ;

En 1864, M. Delagarde Albert est conseiller général avec M. Pierre Jules ;

M. Delagarde Albert, maire de Bazaiges, reste conseiller général jusqu'en 1886 ;

En 1871, MM. Dauthy et Pérot, notaires sont conseillers d'arrondissement ;

En 1885, les députés républicains obtinrent au scrutin de liste, chacun 223 voix, et les députés réactionnaires 148.

En 1886, M. Dauthy, républicain, remplaça au conseil général M. Delagarde ; il a été réélu, en 1892, par 204 voix contre M. Jautrou, candidat monarchiste, qui en a eu 173.

M. André Châteaufort est conseiller d'arrondissement depuis 1886 ; il a remplacé M. Dauthy élu conseiller général.

En 1877, M. Talleyrand-Périgord, candidat à la députation, avait obtenu à Eguzon 183 voix, et M. de St-Martin 138 seulement ;

En 1889, M. Alizard obtenait 152 voix, et M. de St-Martin 217.

En 1893, M. Périgois obtenait 208 voix, et M. de St-Martin 178.

En 1892, la municipalité réactionnaire installée en 1882, fut remplacée par une municipalité républicaine, et tout porte à croire que cette dernière restera longtemps à la tête de la commune.

Le parti républicain dispose d'un nombre d'électeurs supérieur à celui du parti contraire.

Malheureusement les élections ayant ordinairement lieu pendant la belle saison, il arrive que beaucoup d'ouvriers, qui émigrent pour aller chercher ailleurs des moyens de subsistance, sont absents, et ne peuvent prendre part au vote. C'est ce qui fait que souvent les suffrages se balancent.

Aussi met-on tout en œuvre de part et d'autre, pour faire voter tous les électeurs présents. On envoie même chercher les malades en voiture, et on les reconduit chez eux.

La lutte est vive. Les agents, surtout les agents réactionnaires, sillonnent les rues, accompagnent les électeurs jusqu'à la salle du scrutin, et ne les quittent que quand ils ont déposé leur bulletin dans l'urne.

Il s'en suit des disputes continuelles et quelquefois des bagarres dont on a même vu le dénoûment en police correctionnelle.

De là aussi les réclamations, les protestations du parti vaincu tendant à faire annuler les élections.

Le dépouillement est toujours laborieux.

La salle est bondée d'électeurs, de femmes et d'enfants ; chacun veut donner son avis sur les bulletins douteux, ou interrompt à tout moment par des réflexions ou des réclamations ; on apostrophe son voisin, on se dispute souvent.

Les candidats qui n'ont pas réussi sont hués, et accompagnés quelquefois jusque chez eux par une troupe peu bienveillante.

Leurs collègues plus heureux sont au contraire acclamés et entourés par leurs partisans. On fête leur élection, on ne les quitte que quand il n'y a vraiment plus moyen de faire autrement.

Les élections d'Eguzon se font rarement avec calme ; aussi sont-elles célèbres dans tout le département.

Lorsqu'un parti est au pouvoir, il fait toujours son possible pour y rester.

Aussi suit-il avec un soin jaloux les moindres démarches des personnes qu'il croit devoir suspecter.

A Eguzon, les gens les plus à plaindre sont les fonctionnaires. Etant en général tous étrangers à la commune, s'ils ne se lancent pas à corps perdu dans la politique, ils sont vus d'un mauvais œil.

Une poignée de main, une parole, un coup de chapeau à un personnage du parti contraire, c'en est assez pour le discréditer, quand bien même on sait qu'il ne vote pas pour celui-là.

De là des susceptibilités, des mises en quarantaine, des dénonciations à tout moment.

J'ai remarqué que, depuis onze ans que j'habite la commune, presque tous les fonctionnaires ont eu des déboires à ce sujet.

On a dénoncé la receveuse des postes, des facteurs, le receveur d'enregistrement, l'huissier, le garde-champêtre, l'instituteur, le juge de paix, l'agent-voyer, le maréchal-des-logis, les gendarmes, les cantonniers, etc., etc.

Qu'avaient-ils fait ?

Ils avaient salué M. un tel ; ils avaient employé des individus qui n'avaient pas voté pour la bonne cause ; ils n'étaient pas les clients d'un commerçant bien pensant ; ils prenaient leurs chandelles chez un adversaire politique ; ils ne faisaient pas assez travailler certains ouvriers ; ils avaient des outils chez eux et faisaient eux-mêmes beaucoup de petites réparations, et bien d'autres choses aussi graves.

Aussi, il résulte de cet état de choses que ces pauvres fonctionnaires, ne sachant où donner de la tête, n'aspirent qu'à quitter un pays où ils ne récoltent que des désagréments.

On dit qu'il en a toujours été ainsi à Eguzon.

« Ne me parlez pas d'Eguzon, disait un jour M. S▒▒▒ c'est un petit trou où vos voisins vont le lendemain gratter dans vos ordures pour savoir ce que vous avez mangé la veille. »
— C'est tout à fait cela.

CONSCRITS

Le nombre des conscrits n'est guère supérieur à 60 pour le canton d'Eguzon, dont 20 pour le chef-lieu.

En 1814, les jeunes gens du canton, comme tous ceux du département, tirèrent au sort à Châteauroux, et y passèrent la révision le même jour. Ils devaient d'ailleurs se munir d'effets, et être prêts à partir dès le lendemain s'ils étaient déclarés bons pour le service.

Par la suite, et jusqu'en 1835, le tirage au sort eut lieu à Argenton.

La liste de tous les conscrits du canton était dressée à Eguzon au moyen des listes envoyées par chaque mairie.

Depuis cette époque, les opérations se font au chef-lieu de canton.

Ajoutons que si les jeunes gens n'ont pas un amour enthousiaste pour le pantalon rouge, ils ne cherchent pas par des moyens frauduleux, à échapper au service militaire.

Cependant un grand nombre mettent tout en jeu pour tâcher de rester dans leurs foyers, et font à cet effet, des réclamations qu'ils appuient de pétitions recouvertes de nombreuses signatures. Mais la loi étant faite pour tout le monde, ces procédés font rarement prendre ces demandes en considération.

Quelques jours avant le tirage au sort, les marchands de numéros et de rubans viennent marquer la place de leurs bancs, le plus près possible de la porte de la mairie.

Longtemps un seul marchand a fait la vente ; aussi la recette était bonne, les conscrits ayant l'habitude d'orner leurs chapeaux de flots de longs rubans.

Maintenant il y a concurrence, et c'est souvent en se disputant que les marchands établissent leur étalage.

Le tirage a lieu ordinairement à une heure de l'après-midi ; mais bien avant il y a foule devant la mairie.

Tout à coup on entend des roulements de tambour, puis le clairon, la clarinette, la cornemuse, la vielle.

Ce sont les conscrits des communes du canton qui s'avancent deux par deux, en chantant, précédés du drapeau tricolore.

Ce drapeau a été acheté à grands frais par les jeunes gens. Presque chaque commune a le sien et s'efforce d'avoir le plus beau.

On admire, on envie le drapeau le plus ample et le mieux décoré ; on l'élève, on le déploie, on le montre sous ses deux faces, on l'entoure avec orgueil.

On lit sur les drapeaux : Commune de... Classe de 18...

Dans certaines communes, on les dépose dans les mairies après le conseil de révision.

Ailleurs on le coupe en morceaux, et chaque conscrit conserve le sien.

Cependant on fait l'appel des conscrits, et on procède au tirage au sort.

Le Sous-Préfet, qui préside ordinairement, demande à chacun s'il a des réclamations. Les réponses sont souvent curieuses.

L'un a une bonne descente de gosier ; un autre se déclare bon pour le service.

« Je suis boulangiste », répondit un jeune homme d'Eguzon, il y a quelques années.

« Vous dites ? »

— Je suis boulangiste !

— Est-ce une réclamation, demande le Sous-Préfet d'un air narquois ?

Un autre répond : « Je ne porte jamais de souliers. »

Celui là : « J'ai des poings de côté. »

Cet autre : « Je suis faible de *confection*. »

— « Monsieur, demande un jeune homme, le n° 1 est-il sorti ?

— Oui, mon ami, il est sorti.

— Et le n° 2 ?

— Non, il est encore dans l'urne.

— Eh bien ! le voici, dit-il en puisant dans la boîte. »

C'était effectivement le n° 2 qu'il venait de sortir.

L'opération terminée, les jeunes gens visitent les étalages, achètent leur numéro et quantité de rubans. Ils ornent également de rubans leurs instruments de musique, et reprennent en chantant le chemin de leur commune.

A Eguzon, les conscrits déjeunent et dînent à l'hôtel.

Le lendemain, ils visitent les villages où habitent les jeunes gens de la classe, et font de longues stations dans les cabarets.

Ils font de même pour la révision.

Ceux qui ont tiré les plus bas numéros font triste mine, car aucun ne voudrait aller dans la marine. La mer et les colonies leur font peur ; ils se figurent qu'ils ne reverront jamais leur pays.

Cependant ils font contre fortune bon cœur, et suivent les camarades en chantant pour tâcher de n'en rien faire paraître.

Les parents sont encore plus affligés et c'est la mort dans l'âme qu'on voit arriver le moment du départ.

Les jeunes gens d'Eguzon n'aiment pas le métier militaire ; aussi les engagements volontaires sont-ils à peu près inconnus.

Seuls quelques étudiants et aussi quelques conscrits devancent l'appel, ces derniers pour pouvoir choisir leur régiment. Certains autres essayent d'entrer dans les compagnies d'ouvriers.

Beaucoup de jeunes gens, travaillant comme maçons à Paris ou dans quelques grands centres, passent la révision où ils se trouvent.

Ceux-là seuls reviennent, qui ont à faire valoir certaines réclamations ou certains cas d'exemption, espérant trouver chez eux une commission plus indulgente, ou l'appui de personnalités influentes.

PROCÉDÉ POUR SE FAIRE EXEMPTER DU SERVICE MILITAIRE. — Un jour (il y a bien longtemps de cela), un conscrit alla consulter un sorcier, habitant Eguzonnet, homme de beaucoup de pouvoir, pour tâcher d'obtenir de lui le moyen d'être exempté du service militaire.

Après lui avoir allégé sa bourse, le sorcier lui recommanda d'introduire dans.... la braguette de son pantalon une bonne poignée de mouches à miel, de façon à ce que les piqûres l'atteignissent dans sa.... virilité.

Le procédé devait être bon ; mais on ne dit pas si le conscrit l'a utilisé.

RELIGION

Les habitants d'Eguzon sont tous de la religion catholique ; on n'en trouve plus un seul d'une autre religion.

Mais de toutes les communes du département de l'Indre, il n'en est peut-être pas une autre où les habitants se livrent moins aux pratiques de la religion. On ne fait pas beaucoup de différence entre les dimanches et les autres jours de la semaine ; on ne voit pas d'hommes ou du moins excessivement peu à l'église, Il n'y en a guère plus les jours de grandes fêtes.

Si on ne comprenait sous le nom de catholiques que les pratiquants, on n'en trouverait pas certainement cinquante. En revanche, les femmes sont un peu plus dévotes, mais sans exagération.

Eguzon a cependant deux patrons, l'un, St-Roch, assez honoré ; l'autre, St-Etienne, complètement délaissé.

ASSEMBLÉE. — Le jour de St-Roch, le 16 août, on voit de bon matin les femmes de la campagne se rendre à l'église portant des brassées d'une herbe, pas belle du tout, dite herbe de St-Roch, assez abondante dans la contrée.

Cette plante est bénite par le prêtre et mise ensuite dans les écuries et étables ; elle doit préserver les bestiaux de toutes maladies.

Mais la véritable fête, l'assemblée est remise au dimanche suivant. On y vient en assez grande foule des communes voisines.

La municipalité vote une somme de 200 fr. pour célébrer la fête patronale et la fête nationale du 14 juillet. A Eguzon on est économe.

Quelquefois le produit d'une souscription vient s'ajouter à cette somme, d'ailleurs assez maigre.

Le matin on fait une distribution de pain et de viande aux malheureux de la commune.

Dans l'après-midi, on installe quelques jeux toujours les mêmes, avec des prix de 5 fr., 3 fr. et 2 fr.

1º Le mât de cocagne qui n'a pas beaucoup d'amateurs.

2° Course aux ânes, trois ou quatre seulement y prennent part.

3° Course en sacs, avec obstacles : on tend des cordes en travers la rue, et comme ces cordes sont presque invisibles, elles occasionnent plus d'une culbute ;

4° Jeu du baquet ;

5° Jeu du bouquet ;

Le jeu du baquet consiste en un baquet plein d'eau suspendu à deux poteaux, et pouvant facilement basculer.

Au fond est fixée une plaque percée d'un trou assez large pour permette d'y introduire une perche.

Les concurrents se munissent d'une brouette. L'un d'eux roule la brouette sur laquelle est agenouillé un camarade tenant une longue perche. Le conducteur passe au trot sous le baquet, tandis que son second s'efforce d'introduire sa perche dans le trou de la plaque.

Mais qu'il y réussisse ou qu'il manque le but, l'effet est toujours le même, le baquet bascule, et le conducteur en reçoit le contenu sur la tête.

Le jeu du bouquet est destiné aux jeunes filles ; il se fait sous la halle. Un bouquet est suspendu à une ficelle au milieu et à distance ; on bande les yeux à une jeune fille, on lui met une paire de ciseaux dans la main droite ; elle doit s'avancer et couper la ficelle sans le secours de sa main gauche. Si elle dépasse le but on lui enlève le bandeau, et on recommence avec une autre jeune fille.

Le soir, il y a bal public et gratuit (vielle et cornemuse), et permission de nuit pour tous les débitants. Les édifices publics et certaines maisons particulières sont illuminées. A 9 ou 10 heures du soir, grand feu d'artifice d'une valeur de 60 à 80 fr., et dont l'effet n'a rien de bien saisissant.

La place publique est garnie de loteries, de marchands et de saltimbanques. Quelquefois un cirque vient s'y échouer ; mais quel cirque ! Deux ou trois rosses qui ne trottent que par l'application constante du fouet, et autant d'*écuyers* qui ne demandent qu'à dîner pour le soir.

Les chevaux de bois, cet amusement des enfants, ne sont représentés que par un affreux manège, toujours le même, celui du père Soing de Châteauroux (faub. St-Christophe). Les chevaux en sont bien primitifs, et les décorations absentes. La musique est représentée par un orgue de barbarie édenté, et par une grosse caisse d'un effet très réjouissant, mais aussi bien assommant.

Le manège est mis en mouvement par des aides qui poussent à force de bras et qui à chaque tour se lubréfient le gosier avec le petit bleu et l'alcool.

Le soir, l'illumination est en rapport avec les décors, et l'ébriété des employés et patrons en rapport avec le nombre des petits verres absorbés.

St-Etienne est plutôt chômé que fêté ; pas de jeux ni d'assemblée. Cependant personne ne travaille ; c'est d'ailleurs le lendemain de Noël, et il n'y a pas de fête sans lendemain.

C'est aussi ce jour-là que les conscrits choisissent pour venir se faire inscrire à la mairie ; ils en profitent pour s'amuser, boire et danser toute la journée et une bonne partie de la nuit. Mais personne ne fête St-Etienne, et l'église est bien vide ce jour-là. Seuls les débitants font quelques affaires.

RELIGION RÉFORMÉE. — Si les habitants d'Eguzon sont aujourd'hui tous catholiques, il n'en a pas toujours été ainsi. On comptait jadis un certain nombre de protestants tant ici que dans les communes voisines.

Pour échapper aux persécutions qui suivirent la révocation de l'Edit de Nantes en 1685, les protestants abjurèrent leur religion, ainsi qu'en font foi un certain nombre d'actes dressés par le prieur de Chantôme, et dont voici une copie.

RELIGION DE CALVIN

ACTE D'ABJURATION

Aujourd'hui dix-septième décembre mil six cent quatre vingt cinq avand midy au devant de l'église paroissiale d'Aiguzon pardevant nous Pierre Geay prestre prieur curé de Champtosme archiprestre d'Argenton se sont présentées damoiselle Marie Reberioux fille de deffunts M⁰ Louis Reberioux marchand et damoiselle Marie Changuion ses père et mère et pupille de Jean Reberioux sieur des Fosses et dame Marie Maurizet domestique dudit sieur des Fosses toutes deux demeurantes au bourg d'Aiguzon en ce diocèse lesquelles angées seavoir la dite Reberioux de seize ans ou environ et la dicte Maurizet de quarante-cinq ans ou environ nous ont dit et exposé que se sentant très infiniment touchées de la conversion du dict sieur des Fosses et animées de l'esprit de Dieu elles ont reconnu qu'elles ne pouvaient faire leur salut hors de l'esglise catholique apostolique et romaine et a ce lui a conceu une force et sainte résolution d'embrasser les dogmes suivre les constitutions et renoncer et abjurer l'hérésie de Calvin dans laquelle elles ont aveuglement esté nourries eslevées et vescu jusqu'à présent nous requerant très humblement vouloir les aggreyer et admettre au nombre des véritables fidèles et leur donner l'absolution de leur ditte hérésie sur quoy après qu'elles nous ont marquées estre constantes dans leur résolution et pieuses intentions promis juré et protester vouloir vivre dans ladicte religion catholique apostolique et romaine et faire ladite abiuration de leur bonne franche et libre volonté conformément aux articles de profession de foy contenus dans le rituel de ce diocèse que ladite Reberioux a signé après que la dite Maurizet a déclaré ne seavoir signer de ce enquise en présence des soubsignés nous avons en conséquence de la dicte profession de foy et en vertu du pouvoir à nous accordé par monseigneur l'Illustrissime et Revendissime patriarche archevesque de Bourges primat des Aquitaines, conseiller du Roy en tous ses conseils en datte du vingt quatriesme octobre dernier receu l'abiuration d'hérésie qu'on fait les dites Reberioux et Maurizet et après qu'elles nous ont iuré et protestée d'abondant et derechef vouloir vivre et mourir dans la religion apostolique et romaine suivant les dicts articles contenus au rituel, nous leur avons donné l'absolution de leur hérésie selon les formalités et cérémonies requises par les ordonnances de mondict seigneur dont nous avons dressé nostre présent procez verbal et donné acte aux parties en présence de vénérable et discrette personne M. Denis Legranger prestre curé d'Aiguzon, M. Jean Charrière marchand demeurant au bourg de Champtosme damoiselle Anne Coton femme de M° François Rougier demeurant au chasteau de la Clavière, paroisse dud. Aiguzon soubssignés avec lad. Rebericux et a lad. Maurizet déclaré ne seavoir signer.

Signé : M. Rebérioux, Le Granger curé d'Aiguzon, Geay, Anne Cotton, Charrière, Bourdin.

Plusieurs autres habitants d'Eguzon ont de même abjuré la religion calviniste, la même année par devant le dit Geay, prieur de Chantôme, ainsi que le constatent les actes de l'état civil de cette commune.

Le prieur de Chantôme semble avoir été choisi par l'archevêque de Bourges à cet effet ; il enregistre à cette époque plusieurs abjurations faites des habitants de Ceaulmont, d'Argenton et de certaines autres communes.

On ne peut savoir si le curé d'Eguzon a reçu de semblables abjurations, les registres que possède la mairie ne remontant pas à cette date.

CURÉS D'ÉGUZON

Le Granger. — Le curé le plus ancien, dont j'ai retrouvé trace, est M. Denis Le Granger (1).

Voici d'ailleurs copie de son acte d'installation.

« Aujourd'hui lundy cinquiesme jour du mois de mai mil six cent
» soixante et dix, avant midy au devant de l'entrée et principale
» porte de l'église paroissialle d'Aiguzon, pardevant le notaire
» royal soubssigné a comparu en sa personne........ le nommé
» Denis Le Granger prestre du diocèse de Bourges, lequel en
» soustanne et habillé de ses habits sacerdotaux et pourvu de la
» cure de St-Etienne dud. Aiguzon a prié et requis M° Aubrun
» prestre curé de Mouet audit diocèse de Bourges de voulloir
» mettre en vraye réelle actuelle et corporelle possession de lad.
» cure, estant aussi en habits.... lequel sieur Aubrun en vertu
» des..... de monseigneur le prince de Condé, et visa de mon-
» seigneur l'illustrissime et revendissime patriarche l'archevêque
» de Bourges, de lui signé de plus par Thomas....... le 22 du
» mois d'avril dernier, a pris par la main led. sieur Le Granger,
» l'a conduit en ladite église jusqu'au grand autel ou estant led.
» sieur Granger après avoir fait ses prières à genou, ouvert le
» missel, visité le saint tabernacle, les fonts baptismaux, fait
» sonner les cloches et fait autres cérémonies, l'a mis en vraye
» réelle actuelle et corporelle possession de lad. cure aux fruits
» profits revenus et émoluments d'icelle, et pourquoy led. sieur
» Aubrun, led. sieur Granger ayant célébré la sainte messe a
» crié à haute voix qu'il venait de mettre en possession de lad.
» cure le sieur Granger aux charges ci-dessus, et après qu'il ne
» s'est trouvé aucun oposant à lad. prise de possession a requis
» acte que je lui ay octroyé pour lui servir en temps qu'il appar-
» tiendra.

« Et led. sieur Le Granger adopté dud. sieur Aubrun, s'est
» transporté en la maison presbiteralle dud. lieu dont il a aussi

---

(1) En 1657, J. Bally était curé d'Eguzon.

» pris possession ainsy que du jardin et de la dépendance
» d'icelle.

« Le tout fait en présence de vénérable et discrète personne
» Claude de Chamborant, abbé de Serretal (?) prieur....
» St-Martin, de Silvain Delacou et autres gens demeurant aud.
» bourg d'Aiguzon témoins soubssignés.

« L'acte est signé : Claude de Chamborant, abbé, Aubrun,
» curé de Mouhet, M. Philippes de Chamborant, Marguerite de
» Chamborant, Le Granger, Delacou, Thomas de mandato (?)
» Bellœil, notaire *(Etude Dauthy)*.

MIDY. — A M. Le Granger a succédé M. Pierre Midy, vers 1698.

En 1698, Silvain Galland, sieur de la Bussière et des Lignières, fonde une rente annuelle de vingt livres en faveur du sieur Midy et de ses successeurs, à la charge par eux de célébrer chaque lundi une messe pour la famille Galland.

« Laquelle messe sera célébrée dans l'église d'Eguzon jusqu'à
» ce qu'on aura rétabli la chapelle dudit chatel de Lignières, et
» qu'elle sera en état d'y pouvoir célébrer la sainte messe en
» laquelle et seront tenus les successeurs d'entretenir de l'huile
» nevé et ornements nécessaires pour le service divin et en outre
» de donner à disner au prestre qui y dira la ditte messe.

M. Midy fut nommé à St-Hilaire des Landes (Mayenne) diocèse du Mans.

En 1716, M. Pierre Midy, curé de St-Hilaire des Landes, fit donation d'une rente de trente livres à l'église d'Eguzon.

LASMOLES. — M. Midy eut pour successeur M. Lasmoles.

Les actes de l'état civil déposés à la mairie d'Eguzon, remontent à 1712, et ont été rédigés par M. Lasmoles.

Puis vinrent : Hémery en 1713 ;

Espinasse 1713 au commencement de 1744.

Il mourut à Eguzon et fut inhumé dans le chœur de l'église en présence de Messieurs « les curés et prieurs de Cuzion, Chantôme, Crozant, Baraize, St-Plantaire, de M. le vicaire dudit Crozant.

De l'Aage, prieur de Chantôme desservit Eguzon jusqu'au mois d'octobre 1744.

Achard, de 1744 à 1783 (précédemment vicaire de Crozant). Il fut inhumé à Eguzon en présence de Mongie, curé de Dampierre, Moreau, curé de Cuzion, Bigot, curé de Baraize, Périot, curé de St-Sébastien et Gratien, curé de Baraize.

La cure d'Eguzon reste alors près d'une année sans titulaire. Les actes sont dressés par le prieur de Chantôme, le vicaire d'Argenton, le curé de Celon, le religieux de Grandmont, l'archiprêtre d'Argenton.

Il ne faut pas s'étonner de trouver ici l'archiprêtre d'Argenton : Dans le Pouillé général contenant les bénéfices de l'archevêché de Bourges, Paris 1648, on trouve dans la nomenclature des cures et prieurés de l'archipréveré d'Argenton la paroisse de Aguronion (Aiguison).

Michellet, précédemment vicaire de Crozant, fut desservant de 1784 à 1789 ;

Momiron, de 1790 à 1792.

Antoine Momiron prit possession de la cure le 19 juillet 1790 ; il était assisté de messire François Gratien, curé de Baraize ; de messire Joseph Silvain, prêtre chanoine de Levroux ; de messire Jean Silvain Desgorces, prieur, curé de Chantôme ; de messire Louis Pascaud, prêtre curé de Crozant et de maître Paul Delacou Deschezelles, avocat en Parlement, demeurant à Eguzon.

L'acte dressé par les notaires Mangenest et Delacou porte que l'installation eut lieu sur la démission pure et simple de messire Jean-Baptiste Annet Michellet.

Monsieur Momiron refusa de reconnaître la constitution du clergé. Il se cacha d'abord au château de la Clavière, puis fut pris et déporté (voir 1789).

M. Menu succéda à M. Momiron de (?) à l'an XI.

De l'an XI à 1811, M. de St-Maur « licencié de l'un et l'autre droit, ancien chanoine de la cathédrale de Bourges », fut curé d'Eguzon ; il était de la famille des St-Maur, anciens seigneurs des Jarriges. Il eut pour vicaire Charles Lafont qui lui succéda, de 1811 à 1822.

M. de St-Maur a laissé d'excellents souvenirs à Eguzon. Etant trop âgé pour remplir les fonctions de son ministère, il se retira dans sa famille (Creuse) où il mourut. Lorsqu'il quitta la commune d'Eguzon, toute la population l'accompagna, dit-on, en pleurant. Lui aussi pleurait, et répétait sans cesse : Adieu, mes enfants, adieu.

A Charles Lafont succéda M. Vigoureux de 1822 à 1823.

A cette époque, la petite vérole fit plusieurs victimes au château de la Clavière, où personne n'osait aller par crainte de l'épidémie. M. Vigoureux alla voir les malades, mais il fut lui-même atteint, et mourut en quelques jours, victime de son dévouement.

Jusqu'en 1824, l'intérim fut fait par M. Autourde, curé de Crozant ; puis vinrent : M. Bordinat, de 1824 à 1827, M. Martin, de 1827 à 1867, M. Mijotte de 1867 à 1886 ; M. Girard, de 1886 au 11 avril 1894. Ces deux derniers sont morts à Eguzon.

Pendant trois mois l'intérim a été fait par M. Lemoine, curé de Baraize. Les habitants d'Eguzon, qui connaissent depuis longtemps ce prêtre, firent une pétition adressée à l'archevêque, pour obtenir sa nomination à Eguzon. Leur désir n'a pas été satisfait ; au commencement de juillet 1894, M. Gangner, curé de Jussy (Cher), fut installé à la cure d'Eguzon.

FONDATION DE RENTES

A L'ÉGLISE D'ÉGUZON ET A CELLE DE CHANTOME

Il résulte d'une copie notariée (1663) d'une transaction passée en 1486 entre Jacques de Chamborant, chevalier, seigneur de la Clavière, et frère Jean Fourraud (ou Foucaud) religieux de l'abbaye de Bénévent, et prieur de Chantôme, que J. de Chamborant reconnaît devoir au prieuré une rente de deux setiers de blé seigle, mesure de Crozant.

Cet acte est passé devant Pierre Charraud, garde du scel authentique aux contrats en la ville et Chatellenie de Gargilesse.

La Cure d'Eguzon avait la huitième partie de la dîme par indivis avec les dames religieuses de Longefont, le prieur de Crozant et le seigneur de Châteaubrun, sur le village de Brocheteau, commune de Baraize. (Papier terrier du 9 octobre 1554, fait en vertu de lettres royaux). (*Archives de l'Indre*).

Le Curé d'Eguzon avait également une partie des dîmes dans la paroisse de Bazaiges.

En 1673 Marie Phillipes, veufve de hault ou puissant seigneur messire Estienne de Chamborant, seigneur de la Clavière, reconnaît devant Mᵉ Loys Bellœil, notaire royal garde-nottes héréditaire au pays et comté de la Marche, devoir au sieur Pierre Geay, prieur de Chantôme, les dits deux septiers seigle à prélever sur le village de Jonon, paroisse de Crozant, et du premier bled qui sera levé et cueilli audit lieu.

Moyennant quoi le dit prieur dira et fera dire des chants en son église de Chantôme, une messe la vigile de Notre-Dame Assomption, en honneur et oraison de la Vierge Marie pour la dite dame, ses prédécesseurs et successeurs ; la dicte messe se dira sans sonner les cloches de l'Eglise ; a promis ledict prieur faire prières tous les dimanches et dire un libera. — (*Etude Dauthy*).

Vers 1660 Mᵐᵉ Claude Cormier, épouse de Michel Abraham Galland, écuyer, seigneur des Lignières, lègue 400 livres hypothéquées sur un fonds, au curé d'Eguzon, à charge de dire une messe tous les samedis de l'année, pour le salut de l'âme de ladite Cormier, et de tous ses parents et amis trépassés. Ces 400 livres devaient produire une rente de 20 livres.

En 1673, la rente n'étant pas payée, requête de Messire Denys le Granger, curé d'Eguzon, à M. le Chatelain et juge royal ordinaire de Crozant, par laquelle il demande l'autorisation de faire saisir Gabriel Galland, héritier de Michel Abraham, seigneur des Jarriges.

En 1698, Silvain Galland renouvelle la fondation en faveur de M. Midy, curé d'Eguzon. (Voir chapelle des Lignières).

En 1697 Augay de Bonnu délaisse à la cure d'Eguzon deux ouches situées près du cimetière, d'une contenance de 4 à 5 boisselées, pour dix messes basses à l'intention de son père Guillaume Augay, et de sa mère Anne de Chabannes. (*Archives de l'Indre*).

En 1689 Anne Cotton, femme de François Rougier, demeurant au bourg d'Eguzon, demande à être inhumée dans l'Eglise; elle fonde une rente de dix livres pour se faire dire des services et prières qui seront annoncées au prône de la messe paroissiale chaque dimanche qui les précédera.

M. Denys le Granger est constitué exécuteur testamentaire.

En 1692, Marie Bourdin demande à être inhumée dans l'église d'Eguzon. Elle fonde, pour le repos de son âme, moyennant une rente annuelle de trois livres, un service à trois prêtres, le jour de la Toussaint, ou fêtes suivantes.

En 1690, Jeanne Jacob, épouse de Etienne Chaillot, fonde une rente de cinq livres pour 12 messes basses par an.

En 1716, M. Midy, ancien curé d'Eguzon, fait don à l'Eglise d'une rente de 10 livres.

En 1688, Michel Galland, seigneur des Jarriges, reconnaît que lui et ses prédécesseurs doivent une rente de 40 sols à la fabrique pour un banc et l'inhumation dans le nef de l'Eglise.

En 1693 Pierre de Chamborant, seigneur de la Clavière, et Anne Lefort son épouse, fondent une rente de 25 livres. A laquelle fondation ils ont affecté et hypothéqué la métairie et dixième de Josnon à eux appartenant, située en la paroisse de Crozant, pour une messe qui sera célébrée chaque vendredi. (Voir chapelle de La Clavière.

En 1734 la susdite fondation d'une messe par semaine fut réduite à deux messes par mois.

BIENS NATIONAUX

Ces rentes n'étaient pas toujours exactement payées, ainsi qu'on vient de le voir. Aussi les curés ne voulant rien perdre, poursuivirent-ils les héritiers des donateurs.

Quelques-uns de ces derniers, pour en finir, abandonnèrent à l'église la jouissance d'un terrain (un pré ordinairement) puis le fonds lui-même.

La cure d'Eguzon se trouva donc, à la Révolution, propriétaire.

L'Assemblée Nationale ayant, le 2 décembre 1789, mis les domaines de l'Eglise à la disposition de la Nation, les terres de l'Eglise d'Eguzon furent vendues au plus offrant le 18 juin 1791.

1º quatre boisselées de terre situées à la Grande Croix; un pré appelé le pré de Lavau; un autre pré appelé le pré de La Font, un autre pré et deux boisselées de terre y attenant, dépendant de la cure d'Eguzon, le tout cédé au sieur Jean Delacou Delanoue moyennant le prix de 1735 livres.

2º quinze boisselées de terre appelées la Gorce aux prêtres, cédées à André Pineau, moyennant 150 livres. — (*Archives de l'Indre*).

ÉGLISES SUPPRIMÉES

CHANTOME

Pendant la Révolution, l'église de Chantôme fut supprimée.

Les succursales dont les desservants sont payés par le Trésor public, sont au nombre de 151 dans l'Indre (décret du 31 octobre 1807), dont Eguzon.

Le 20 octobre 1807, le ministre des cultes prescrit la remise aux églises conservées de tous les titres, papiers et renseignements concernant les biens des fabriques extérieures des églises supprimées.

Le 11 juin 1809, la fabrique extérieure de la cure d'Eguzon est envoyée en possession de l'église de Chantôme.

« Sera tenue, la dite fabrique (de Chantôme) de fournir un état détaillé de tous les biens et rentes à elle appartenant. » (*Communiqué par M. Ponroy*).

Depuis cette époque, la commune de Chantôme est desservie par le curé d'Eguzon qui touche du gouvernement, pour cet objet, un traitement de deux cents francs.

LES CLOCHES

Avant la Révolution, l'ancienne église d'Eguzon renfermait trois cloches.

L'une d'elles avait été baptisée au commencement du XVII° siècle, et avait pour parrain Etienne de Chamborant, seigneur de la Clavière, et pour marraine Marie Philippe, son épouse.

Le 23 février 1793, la Convention autorisa les communes à convertir en canons une partie de leurs cloches.

Elle décrète, le 23 juillet suivant, qu'il ne sera laissé dans chaque paroisse qu'une seule cloche, que toutes les autres seront converties en canons.

Deux cloches furent alors enlevées du clocher d'Eguzon, et conduites à Argenton ; (en les démontant, l'une d'elles tomba et se cassa).

Celle qui resta est devenue l'objet d'une sorte de vénération de la part des habitants.

Vers 1820, cette cloche s'étant fendue, on résolut de la faire refondre sur place.

L'opération se fit près de l'ancienne église, et attira un assez grand nombre de curieux.

Au moment où le métal en fusion était coulé, un plaisant saisit le bonnet du père Lafond, et le lança dans le moule, d'où on ne put le retirer.

Cette cloche est réputée comme préservant de la grêle. Elle rivalise avec celles de Chantôme et de Bonnu, dont la puissance est légendaire.

ORAGE. — Dès qu'un orage se déclare, le jour ou la nuit, les jeunes gens courent à l'église et mettent la cloche en branle. Le son calme immédiatement les appréhensions des cultivateurs ; ils croient leurs récoltes en sûreté, ils en sont persuadés, et ils recevraient mal les gens qui viendraient rire de leurs croyances.

Pour encourager les sonneurs, on leur envoie du vin, et de l'eau-de-vie ; aussi les bras ne manquent pas pour tirer la corde.

Malheureusement l'efficacité de la bienheureuse cloche ne

semble pas démontrée : il n'est pas rare du tout de voir tomber la grêle à Eguzon ; depuis dix ans, les champs ont été ravagés quatre ou cinq fois par elle, si bien que les Compagnies d'assurances ne veulent plus faire d'affaires dans la région ou doublent les prix.

En 1872, de mémoire d'homme on avait vu tant tomber de grêle. Les dégâts furent estimés à 92.000 francs.

Les nuées d'orage s'élèvent ordinairement du sud-ouest, sont attirées par le courant de la Creuse, et suivent presque toujours la vallée de la rivière, couvrant toute la rive gauche.

En 1892, lors d'un orage qui se fit la nuit, on mit tant d'ardeur à sonner, que la cloche se fendit de nouveau.

« Quel malheur ! une si bonne cloche ! » disaient les vieilles gens.

Le curé d'alors, M. Girard, fit une quête, frappa à toutes les portes, et annonça qu'il allait envoyer la cloche à Orléans pour la faire refondre.

Mais cela ne faisait pas l'affaire des habitants ; on aurait voulu que la cloche fût fondue sur place, afin d'être bien sûr qu'elle contînt le même métal, lequel dit-on est bien supérieur à celui qu'on emploie de nos jours.

On murmura tout bas, et on laissa faire.

Le 7 janvier de la présente année, la nouvelle cloche fut baptisée, par un beau temps de neige.

Elle eut pour parrain M. Joseph Pierre, et pour marraine Mlle Marguerite de Bridiers.

Reste à savoir si elle aura des propriétés aussi précieuses que l'ancienne, et si elle saura conserver le même prestige.

En 1875, on avait fait l'acquisition de deux nouvelles cloches qui furent baptisées le 7 août suivant.

Les parrains furent MM. René St-Julien Huard du Plessis et Bruneau François.

Les marraines, Mesdames Marie Berthe David, épouse du premier, et Henriette Delacou.

Depuis cette époque, le clocher renferme de nouveau trois cloches.

La plus grosse, la dernière fondue, fait le do ; la moyenne le ré ; la plus petite, le mi.

L'ensemble forme un carillon assez agréable, mais un peu monotone, dont voici un échantillon :

SALUBRITÉ, PROPRETÉ, MALADIES

Avant la construction des routes, Eguzon était un véritable cloaque. Les tas de fumier s'amoncelaient à chaque porte, les chemins étaient couverts de litières ; sur les places, l'eau s'accumulait, séjournait, et devenait infecte.

En 1832 le choléra fit son apparition dans le canton. La peur fut grande à Eguzon.

Le Conseil municipal prit alors certaines mesures de salubrité :

1° Les fumiers nouveaux, à mesure qu'ils se feraient, seraient déposés non sur les tas de fumier déjà existants, mais à une distance d'au moins 50 pas des maisons habitées et hors des rues et chemins publics ;

2° Les terreaux et autres immondices existant dans les rues et chemins publics seraient immédiatement enlevés ; enfin les litières, pailles, ajoncs, feuilles et autres matières employées à faire des terreaux seraient également enlevés des rues et chemins où il peut s'en trouver ;

Défense est faite d'y en déposer à l'avenir. L'adjoint est chargé de signaler les contraventions.

Changer des habitudes prises depuis longtemps semble bien difficile. Les Eguzonnais n'apportèrent aucune modification à leur manière de faire.

Trois ans plus tard, nouvelle défense de déposer litières, fumiers, immondices bois et pierres sur les places et voies publiques. On demande en outre de mettre en adjudication l'enlèvement des boues.

Les habitants n'en restent pas moins avec leurs fumiers.

En 1847, on assainit la principale place, au moment où on créa l'atelier de charité. On combla les trous, on fit une sorte de dallage où l'eau ne séjourna plus.

Mais les fumiers et immondices fleurissent toujours, et s'étalent avec grâce devant les habitations.

En 1853, on constate qu'il est impossible de circuler librement dans les rues par suite des fumiers qui les encombrent.

On demande de nouveau que l'enlèvement des boues soit mis en adjudication.

Cette adjudication eut lieu en 1860.

Les boues devaient être enlevées les dimanches de 6 à 8 heures du matin.

Les habitants devaient balayer devant leurs habitations ou terrains sur une largeur de 2 mètres au moins. Le surplus serait balayé par l'adjudicataire.

En 1865 on ne trouva plus d'adjudicataire, et après plusieurs essais, on dut renoncer à toute adjudication.

Aujourd'hui les principales rues sont balayées tous les samedis et les immondices enlevés par les cantonniers.

Mais leur propreté est de courte durée.

Les porcs s'y promènent tout le jour, et en toute liberté. Les propriétaires leur donnent la nourriture devant la porte de leur habitation, quand ce n'est pas à l'intérieur même.

De plus les bouchers tuent souvent en pleine rue ; le sang s'écoule lentement, quand il s'écoule, par des caniveaux qui manquent de pente.

L'intérieur des maisons laisse aussi beaucoup à désirer, sous le rapport de la propreté, particulièrement à la campagne.

Les lavages y sont à peu près inconnus.

Où sont ces meubles si bien cirés, si luisants des environs de La Châtre ? Là, la ménagère passe la plus grande partie de son temps au nettoyage de sa maison ; tout est propre, tout reluit ; ici on marche dans la boue, on inspecte sa chaise avant de s'asseoir, et on ne met ses coudes sur les tables qu'après un examen minutieux ordinairement suivi d'un coup de torchon.

Aussi les logements insalubres abondent.

On trouve encore souvent le bétail logeant dans la chambre même des propriétaires.

Dernièrement le docteur Châteaufort est appelé en toute hâte à la campagne, pour donner des soins à un malade.

Il part en pleine nuit. Il s'approche du lit du malade. Tout à coup il sent quelque chose lui tomber sur la tête. Il lève les yeux et voit un régiment de poules perchées sur le ciel même du lit, ou sur des bois échelonnés dans le mur à leur intention.

L'une d'elles venait de lui prouver qu'elle n'avait pas besoin de laxatif.

Les épidémies sont cependant fort rares à Eguzon.

Cela tient à l'altitude des pays (301 mètres au-dessus du niveau de la mer).

Les maladies qui font le plus de ravages sont celles des voies respiratoires et les fluxions de poitrine.

On constate fréquemment des maux de gorge assez dangereux, des angines et le croup.

En 1891, les écoles ont été licenciées par suite d'une épidémie de croup. Plus de 200 enfants et même des personnes d'un certain âge ont été atteints. Onze enfants sont morts en peu de temps.

On constate aussi de temps en temps quelques cas de fièvre thyphoïde et de fièvre scarlatine.

Eguzon possède un médecin depuis longtemps (1). C'est aujourd'hui M. André Châteaufort.

A une époque encore très rapprochée, il y en avait même deux ; chaque parti politique avait le sien. Mais l'un d'eux, M. Dupuis, le dernier venu, installé par l'ancien maire dans un but politique et au moment des élections, n'a fait qu'un court séjour à Eguzon où il n'a pas laissé des regrets éternels.

Enfin Eguzon a une sage-femme, Madame Chauvy-Maréchal, depuis 5 ou 6 ans, et un pharmacien depuis trois ans, M. de Bonneuil.

---

(1) Les Registres de l'Etat civil parlent vers 1750, d'un Brossier, chirurgien
En 1760, de Cujas, chirurgien-juré, qui eut pour successeur son fils ;
En 1763, de Alabrée, praticien.
1777, Silv. Maugenest, praticien.
1780, Alabrée, praticien et Pierre Achard (probablement frère du curé).
1784, Silvain Delacou, praticien.

M. Châteaufort est établi à Eguzon depuis une quinzaine d'années. Il exerçait avant à Cuzion.

Il a eu d'abord pour concurrent M. Bomby, puis M. Dupuy, qui ont dû abandonner la place.

Avant M. Châteaufort, M. Poitou était médecin à Eguzon, et M. Salutrinsky qui n'a fait qu'un court séjour ; avant eux, M. Camard, 1827, était chirurgien et officier de santé à Eguzon. Il avait fait la campagne de Russie comme chirurgien et fut blessé à la Moskowa.

Je ne sais si M. Camard avait conservé de bons souvenirs de Napoléon Ier ; en tout cas, il n'aimait pas Napoléon III ni sa famille. Quand il apprit que le jeune prince impérial avait été tué dans le sud de l'Afrique, il s'écria : « Enfin, je puis mourir content ! » Sur le champ, il fut pris de coliques, se rendit dans les cabinets d'aisances et y mourut presque aussitôt (Il s'était retiré à Cuzion).

En dehors du médecin de la localité, les plus fréquemment appelés sont les docteurs Muret et Delord, d'Argenton, le premier surtout pour les opérations chirurgicales pour lesquelles il s'est fait une grande renommée, et qu'il semble traiter avec une grande habileté.

CIMETIÈRE

L'ancien cimetière était situé près de l'ancienne église, au fond du bourg, dans la partie sud. Il était petit et mal clos.

Le conseil demanda, en 1845, l'autorisation de vendre des concessions perpétuelles dans le cimetière, et en fixa les prix ainsi qu'il suit :

>   Concessions perpétuelles.   36 fr. le mètre carré.
>   — de 30 ans...   21   —
>   — de 20 ans...   15   —
>   — de 10 ans...   12

On trouva à la préfecture que les prix étaient trop minimes.

En 1846, le conseil fit le nouveau règlement suivant, qui fut approuvé :

>   Concessions perpétuelles.   70 fr. le mètre carré.
>   — de 30 ans...   30   —
>   — de 20 ans...   25   —
>   — de 10 ans...   15   —
>   — de 5 ans...   8   —

Ces prix ont été modifiés par la suite. Ils sont aujourd'hui ainsi établis :

>   Concessions perpétuelles.   50 fr. le mètre carré.
>   — de 30 ans...   25   —
>   — de 15 ans...   20   —

Ces concessions donnent à la commune un revenu annuel de 3 à 400 francs en moyenne.

Les concessions sont disposées ainsi qu'il est indiqué au plan ci-joint. Les carrés de l'intérieur servent aux inhumations ordinaires ; la partie de gauche, dite partie non bénite, est occupée par les suicidés, fort rares à Eguzon.

En 1853, le conseil demanda, pour cause de salubrité, d'opérer la translation du cimetière.

Il allègue qu'il est trop petit, qu'une partie ne peut être utilisée, et qu'ailleurs on est obligé d'enfoncer les cercueils dans la boue à force de bras, ce qui désole toutes les familles.

Il demande à acquérir une terre appartenant à Monsieur

Maingaud, située près du pré de St-Paul, et à la distance réglementaire des habitations.

Ce projet ne fut pas exécuté.

En 1860, on demande la clôture du cimetière, attendu que les animaux s'y introduisent la nuit et fouillent les tombes.

On propose de l'agrandir de l'emplacement de l'ancienne église et de la place qui l'entourait, et on vote deux journées de prestations pour faire exécuter ce travail.

Les choses restèrent néanmoins en état.

Enfin, en 1876, un grand nombre d'habitants demandent soit l'agrandissement du cimetière, soit sa translation, et offrent d'en couvrir les frais par des dons en argent ou en nature.

La proposition fut acceptée; le cimetière fut agrandi et clos de murs élevés. Sa surface est aujourd'hui d'environ 28 ares. Plus tard on y traça de larges allées et on le mit en l'état actuel.

Cet agrandissement n'est cependant pas suffisant ; prochainement le terrain réservé aux concessions sera entièrement occupé et il faudra de nouveau apporter des modifications à l'emplacement.

VIOLATION DE SÉPULTURE. — En 1862, la petite ville d'Eguzon fut mise en émoi par une violation de sépulture commise pendant la nuit.

Le tombeau de Mlle P..., décédée à l'âge de 6 ans, il y avait dix-huit mois, avait été retiré et ouvert.

Il y eut enquête, le juge de paix instruisit l'affaire.

Les soupçons se portèrent sur Mme D..., grand'mère de l'enfant, qui disparut le matin même, sans qu'on puisse savoir où elle était allée.

Cette dame avait été très affectée de la mort de sa petite-fille, on la rencontrait fréquemment au cimetière, surtout la nuit, une lanterne à la main.

Elle tourmentait sans cesse les autorités locales pour se faire autoriser à déterrer sa petite-fille, affirmant qu'elle n'était pas morte, et qu'elle se faisait fort de la rappeler à la vie au moyen d'une espèce d'huile qu'elle possédait.

La nommée Finet, femme Gaudeix, aubergiste, avoua avoir fait le guet pendant la nuit ; mais elle refusa de faire connaître le nom des personnes qui avaient retiré le cercueil.

Les soupçons se portèrent sur son mari et sur son fils, qui

furent inquiétés pendant un certain temps. La femme Gaudeix fut même arrêtée. Mais tout fut inutile, elle refusa de parler.

D'ailleurs, les parents de l'enfant retirèrent leur plainte, et l'affaire n'eut pas d'autre suite.

INHUMATIONS. — Les personnes décédées sont ordinairement conduites à leur dernière demeure par une assistance assez nombreuse.

Presque tous les habitants du village y assistent.

« Dans le canton d'Eguzon, dit Laisnel de la Salle, quelle que soit la distance qui sépare le domicile mortuaire du champ de repos, quel que soit le mauvais état des chemins ou de la saison, le corps est toujours porté à bras dans sa dernière demeure ; il serait messéant de l'y conduire autrement. »

Les choses se passent bien ainsi dans la Creuse ; mais à Eguzon ce n'est pas rigoureusement exact.

Il en est de même de la coutume suivante, qui existe pourtant encore, mais qui tend à disparaître :

« Dans le canton d'Eguzon, beaucoup de familles possèdent sur les confins de leur petit domaine, et autant que possible près d'un chemin public, une espèce de tumulus où elles n'oublient jamais de planter une grande croix toutes les fois que l'un de leurs membres disparaît de ce monde. »

En revanche, s'il existe des croix sur le chemin qu'on doit parcourir pour transporter le décédé à sa dernière demeure, on n'oublie pas d'en déposer une petite auprès de chacune d'elles.

Lorsque la cérémonie est terminée, la famille donne un repas, souvent à l'hôtel, où se retrouve la plus grande partie des assistants.

Il arrive parfois que quelques-uns de ces derniers s'y oublient et semblent plutôt être à une noce. Habituellement les choses se passent d'une façon convenable ; chacun apporte une tenue irréprochable, en rapport avec le respect dû à la famille éprouvée.

Quand le dîner a lieu dans la maison mortuaire, on entend, longtemps avant l'enterrement, et près de la chambre où repose encore le mort, un bruit de vaisselle et de cuisine qui vous produit un drôle d'effet, et semble choquer les convenances ; c'est presque une profanation.

Mais les étrangers seuls en sont frappés ; c'est une habitude du pays, et ici on trouve cela tout naturel.

Il est dû au fossoyeur :

    Pour les personnes au-dessous de 14 ans... 3 fr.
    —   au-dessus de 14 ans.... 5 fr.
    Dans le terrain concédé............... 8 fr.

EXHUMATIONS.

    Si le corps est inhumé depuis plus de 5 ans. 6 fr.
    —   depuis moins de 5 ans. 10 fr.

Le fossoyeur est chargé d'entretenir le cimetière en bon état, en fauchant l'herbe au moins deux fois l'an.

Il doit nettoyer et ratisser les allées.

Mais il ne s'acquitte pas toujours scrupuleusement de cette besogne ; et pour mettre le cimetière en bon état, la commune, au moment de la Toussaint, emploie plusieurs ouvriers.

LA TOUSSAINT. — Le jour de la Toussaint, le sacristain, qui est en même temps fossoyeur, sonne les glas toute la soirée, et une bonne partie de la nuit.

Le soir, lui et ses aides, passent dans toutes les maisons du bourg, et recueillent ce que chacun veut bien leur donner.

Ils sont munis de cruches, et reçoivent, outre les pièces blanches, du vin en assez grande quantité, ce qui leur permet de passer agréablement la nuit sous le porche de l'église, et leur donne plus de force pour mettre les cloches en mouvement.

Cette journée, pour eux, n'est pas du tout à dédaigner.

Mais ces petits profits ne sont pas les seuls, ni les plus importants.

BLÉ DE LA PASSION. — Chaque année, un peu avant Pâques, le sacristain passe dans la campagne réclamer le blé de la Passion.

Jadis c'était la dîme, dont profitait le curé.

Aujourd'hui, si le cultivateur n'est plus tenu à la dîme, il se croit néanmoins obligé à une redevance pour la sonnerie des cloches, et c'est le sacristain qui en bénéficie.

On ne peut savoir au juste la quantité de blé qui est donnée à cette occasion ; le principal intéressé est muet sur ce chapitre ; mais elle doit être à peu près suffisante pour nourrir toute l'année sa nombreuse famille. Les moins riches lui donnent un demi-décalitre de blé ; ceux qui sont plus à l'aise ne regardent pas à un double.

Le sacristain n'est donc pas bien à plaindre, attendu qu'il ne partage pas avec son curé, comme cela se fait dans certaines communes.

NAISSANCES, MARIAGES, DÉCÈS

Voici, depuis 1803, le tableau des actes de naissances, mariages et décès enregistrés dans la commune d'Eguzon.

ANNÉES	NAISSANCES	MARIAGES	DÉCÈS
1803 à 1813	467	125	353
1813 1823	418	105	243
1823 1833	425	118	347
1833 1843	475	149	366
1843 1853	501	149	423
1853 1863	409	131	369
1863 1873	417	145	330
1873 1883	407	142	367
1883 1893	369	118	289
Totaux....	3888	1182	3087

Soit, pour 90 ans une moyenne annuelle de 43 naissances, 13 mariages et 34 décès.

Et si l'on calcule sur une population d'environ 1600 habitants, on trouve les proportions suivantes :

2 1/3 p. o/o pour les naissances ; 0,81 p. o/o pour les mariages et 2 p. o/o pour les décès.

Le chiffre des naissances étant de 1/3 p. o/o supérieur à celui des décès, il devrait s'en suivre une augmentation continue de la population.

Mais il n'en est pas ainsi et j'en ai expliqué les raisons autre part.

La moyenne de la vie humaine a été à Eguzon, pendant les dix dernières années, de 1883 à 1893, de 46 ans pour les hommes et de 43 ans pour les femmes.

Si l'on retranche les enfants décédés avant leur quatrième année, on trouve que la moyenne de l'existence a été de 58 ans pour les hommes et de 55 ans pour les femmes.

C'est un peu plus réconfortant.

Enfants naturels. — Le nombre des enfants illégitimes a été de 30 pendant les 10 dernières années, soit une moyenne de 3 par an.

Ce chiffre paraît assez élevé par rapport à la population.

C'est que les jeunes filles, comme les garçons, émigrent facilement, et vont demander à la ville des moyens de subsistance qui leur sont plus largement répartis qu'à la campagne.

Elles reviennent quelquefois, au bout d'un an ou deux, augmenter le nombre des membres de leur famille.

Elles ont de plus rapporté le goût de la toilette et de la coquetterie, et un certain air déluré qui fait beaucoup d'envieuses.

Celles qui ont succombé trouvent avantageusement à se placer à Paris ou dans quelque grande ville, où l'on recherche de préférence comme nourrices les jeunes femmes de la campagne.

Aussi beaucoup voient-elles dans leur faute une amélioration notable dans leur situation ; elles ne pensent pas alors que cette amélioration n'est que passagère, et que bientôt elles se trouveront en face de la misère pour le reste de leurs jours.

Il n'en est pas moins vrai que devenir nourrice dans un grand centre est une place enviée par beaucoup.

Mœurs. — « Prends garde, disait-on dernièrement à une jeune fille ; tu es trop familière avec les garçons ; tu les recherches trop ; tu te feras attraper ! — Eh bien ! après, répondit-elle ; si cela arrive, j'irai nourrice à Paris ; je serai bien mieux qu'ici. »

Tel est le raisonnement de beaucoup de jeunes filles.

Aussi les mœurs ne sont-elles pas absolument patriarcales à Eguzon, surtout dans certains villages.

Il n'est pas rare, principalement le dimanche, de voir dans les champs un jeune couple en étroit tête-à-tête dans un coin abrité, tandis que la vache ou la truie cherche sa nourriture non loin de là.

Le jeune garçon le mieux écouté est toujours, semble-t-il, celui qui revient de la ville ; il a voyagé, il est devenu beau parleur ; sa mise est plus recherchée, il a aussi sans doute beaucoup à raconter.

J'étais là, telle chose m'avint.

Aussi l'écoute-t-on de préférence. Il fait miroiter aux yeux de la jeune fille les splendeurs de la capitale, la vie facile, les gains inconnus ici.

La tentation devient grande.

Un beau jour on les retrouve tous les deux battant la misère sur le pavé de la grande ville.

Celles qui restent au village envient toujours le sort de leurs devancières, et font tous leurs efforts pour les imiter et suivre leur exemple.

Aussi le nombre des naissances irrégulières est-il réellement plus élevé, beaucoup étant enregistrées dans une autre commune.

Souvent les enfants sont déposés dans les hospices.

Ajoutons que ces liaisons sont ordinairement de courte durée, et qu'il est tout à fait rare que mariage s'en suive.

MARIAGES

Ici, comme partout ailleurs, sans doute, les jeunes gens qui possèdent un peu de bien au soleil, veulent prendre une femme qui leur apportera au moins autant qu'ils pourront avoir un jour. Aussi les jeunes filles dont les parents jouissent d'une certaine aisance sont-elles particulièrement recherchées.

Mais de ce côté aussi on est plus difficile sur le choix d'un mari, et ce n'est qu'après un marchandage long et des précautions minutieuses, que l'accord se fait entre les parents.

L'accord entre les futurs est ordinairement fait depuis longtemps : les jeunes filles fréquentent assidûment les assemblées, les foires, les bals même ; souvent elles sont seules, et se laissent reconduire par les jeunes gens qui leur agréent.

C'est alors, ordinairement, que les promesses s'échangent.

Le service militaire dérange bien des projets, fait oublier bien des promesses ; néanmoins plus d'une fiancée se fait un point d'honneur d'attendre le retour du militaire.

Alors on presse la cérémonie. Les futurs, accompagnés de leurs parents, viennent faire écrire les bans, puis partent, ordinairement pour Argenton, faire l'acquisition des livrées.

La noce se fait quelquefois à l'hôtel ; mais plus souvent à la demeure de la future.

Au jour fixé, dès le matin, les invités se rendent au domicile de la future.

Cette dernière est aux mains de sa couturière.

Après un long travail, elle est enfin parée, vêtue de blanc, la couronne d'oranger sur la tête, et recouverte d'un long voile, elle fait son apparition.

COUTUME. — Elle embrasse tous les invités, et leur attache une cocarde sur la poitrine.

Aussitôt chacun sort son porte-monnaie, et lui met une pièce blanche dans la main. On peut y aller de sa pièce jaune, la mariée ne refuse rien.

Cette coutume a été, dit-on, importée de la Marche, et est trop intéressante pour qu'on la laisse perdre.

Quelques invités souvent font défaut et rejoignent le cortège à la mairie ; mais ils n'échappent pas pour cela à l'œil clairvoyant de la future ménagère : dès qu'elle les aperçoit, elle s'avance aussitôt et renouvelle sa manœuvre.

Les petits profits ne sont pas à dédaigner, surtout dans une cérémonie généralement coûteuse.

Le trajet, de la maison à la mairie, se fait un peu à la débandade. Les *musiciens* ouvrent la marche. Ils sont suivis de la future au bras de son père, du garçon et de la demoiselle d'honneur ; le reste suit sans ordre, et à distance.

Les musiciens, comme on les appelle, ont en général abandonné la cornemuse, l'antique musette, autrefois en honneur dans le pays. La clarinette, aux sons plus perçants, l'a remplacée. Une vielle l'accompagne souvent, sans que les accords en soient plus parfaits. Quelquefois, c'est un violon qui marche en tête.

Les vieilles marches, les airs des anciens, les airs locaux sont aussi à peu près abandonnés, et remplacés par d'autres plus modernes, « le Premier Bouquet de lilas », la « Marseillaise » et autres, que les jeunes accompagnent bruyamment.

Coutume barbare. — J'oubliais de relater une coutume barbare, dont on ne peut connaître l'origine.

En tête du cortège marchent plusieurs jeunes gens portant attachée par les pattes une et souvent deux poules, au bout d'une longue perche. Les malheureuses bêtes sont frappées contre les haies et les murs ; les uns leur donnent des coups de chapeau, les autres des coups de pierre, et chacun s'égayent de leurs cris et mettent tout en œuvre pour les provoquer.

On les torture ainsi toute la journée, et on finit par les tuer ; le lendemain on les mange.

Une juste application de la loi Grammont ferait peut-être cesser cet usage barbare, qui ne semble avoir aucune signification.

Laisnel de la Salle, dans les Croyances et Légendes du centre de la France, parle de cette coutume dans les termes suivants :

« Aux environs d'Eguzon, on porte devant la fiancée, lorsque le cortège est en marche, une poule blanche choisie autant que possible dans la basse-cour de la jeune fille. De temps en temps on fait crier la pauvre bête en lui arrachant quelques plumes. Encore un emblème dont nos paysans ont complètement perdu le sens. Cette poule blanche est certainement l'image de l'innocence et de la chasteté, car dans les Vosges, où cet usage était autrefois connu, on refusait l'hommage de la poule blanche à toute mariée dont la réputation était équivoque. — A Eguzon on finit par tuer à coups de bourres de pistolet l'inoffensif animal, ce qui semble compléter l'allégorie. » — Ajoutons qu'aujourd'hui la poule n'est plus blanche, et qu'on ne la tue plus à coups de bourres de pistolet.

Le mariage célébré à la mairie, la mariée embrasse le maire, souvent aussi le secrétaire, et l'on part pour l'église.

La cérémonie terminée, on reprend deux à deux le chemin de la maison pour faire honneur au repas qui y est préparé, et servi ordinairement dans une grange dont on a recouvert les murs de draps tapissés souvent de feuillage.

Le repas est long et laborieux, et se termine par des chansons qui sont d'autant plus applaudies qu'elles sont plus légères ou grivoises, et que l'organe du chanteur est plus aigu et plus puissant.

On y fait des allusions peu déguisées sur les droits et devoirs des époux, et chacun trouve cela tout naturel.

La fameuse chanson de la mariée, que l'on servait en dernier lieu, est aujourd'hui complètement oubliée, et seulement à l'état de souvenir.

Cependant les jeunes gens réclament les musiciens. On débarrasse la grange, si on n'a pas un autre local à sa disposition et les danses commencent.

Les vieux se casent dans les coins, et continuent leur déjeuner, avec force rasades en s'entretenant de leurs bestiaux et de leurs affaires. On les retrouvera à la même place à l'heure du dîner.

Après plusieurs heures de danses, la noce se répand dans la campagne, ou se promène dans les rues du bourg.

Souvent on entre dans un café où l'on danse en prenant des rafraîchissements. A la nuit, on revient et la danse recommence jusqu'à 9 ou 10 heures, au moment du dîner.

Les tables sont remises en place, et chacun fait honneur aux mets. Le repas se prolonge d'autant plus que chacun y va de sa petite chanson.

Souvent même, on chante aux quatre coins de la salle à la fois ; c'est un tohubohu où personne ne s'entend.

Enfin on lève la séance, les danses recommencent et durent jusqu'au jour

Cependant les époux se sont retirés, et sont allés se coucher dans une chambre que l'on tâche de tenir secrète. On finit pourtant par la découvrir.

De bon matin, jeunes garçons et jeunes filles viennent frapper à la porte et finissent par se faire ouvrir. On apporte la rôtie aux mariés.

On se précipite vers le lit, on enlève les couvertures et les draps, et on rit aux dépens de la mariée à laquelle on ne ménage pas les plus vilains propos.

Cependant les jeunes gens sont porteurs de trois assiettes, recouvertes par trois autres. Dans l'une il y a de la cendre ; dans la deuxième de la plume ; dans l'autre du sucre.

Les époux doivent faire un choix.

Celui qui a pris la cendre n'aura pas de vin ; s'il tombe sur la plume, on la lui souffle à la figure, et il a droit au vin chaud fortement sucré ; s'il a choisi le sucre, il boira son vin, mais non sucré.

Enfin on s'éloigne après avoir bu le vin chaud.

On va prendre alors un peu de repos et on se retrouve au complet au moment du déjeuner.

La noce dure ordinairement deux jours. Les consommations prises au dehors sont payées par les jeunes garçons. Les frais généraux le sont par moitié par les deux familles.

Les invités deviennent de moins en moins nombreux ; ils se bornent aux membres de la famille et à quelques rares voisins et amis. On recherche surtout les jeunes gens, par la raison que c'est sur eux que retombera la plus grande partie de la dépense extérieure.

La question d'intérêt est, comme on le voit, celle qui domine chez le bon paysan éguzonnais.

S'il arrive qu'un mariage se fait entre veufs ou vieux célibataires, il a lieu toujours le soir ; alors la note gaie domine.

« On sonne. »

Sonner, c'est accompagner les futurs époux avec des pelles, pincettes et chaudrons, et leur faire une musique infernale.

Les musiciens sont toujours nombreux; vieux et jeunes s'en mêlent et font entendre leur concert pendant tout le repas, en poussant des cris imités des animaux.

C'est à qui pourra jouer un tour de sa façon.

FARCE. — Une farce, qui a bien sa saveur et qui réussit toujours, consiste à s'approvisionner de vieux verre à vitre. A un signal donné, on lance une pierre dans la porte ou la fenêtre; en même temps, on jette le verre au-dessous et l'on s'éclipse au plus vite.

Aussitôt les gens de la noce sortent en criant, le marié en tête; on croit les fenêtres démolies; on s'élance à la poursuite des farceurs avec force menaces.

Enfin on finit par constater malgré soi, comme à regret, qu'il n'y a rien du tout de cassé, ce qui semble contrarier tout le monde, surtout les mariés, auxquels on répète : Quand il y a de la casse, c'est signe de bonheur.

VEUVAGE, PRÉJUGÉ

Voulez-vous vous procurer le plaisir d'enterrer votre légitime ? Voulez-vous savourer un peu les ineffables jouissances du veuvage ? La première nuit de votre mariage, dès que vous aurez un pied dans la couche nuptiale où la vierge

« *Grelotte en son lit froid* »,

empressez-vous de *souffler votre bougie*. Vous serez certain, ce faisant, que votre épouse mourra avant vous.

Mais si cette même première nuit de vos noces, vous désirez être éclairé ; si vous laissez votre chandelle allumée, vous partirez inévitablement le premier ; votre épouse pourra convoler en secondes noces sans avoir besoin de divorcer.

Alfred de Musset avait probablement voyagé dans nos environs, avant d'écrire la *Ballade à la Lune* :

> Dans sa douleur amère,
> Quand au gendre béni
>   La mère
> Livre la clef du nid.
>
> Le pied dans sa pantoufle,
> Voilà l'époux tout prêt
>   *Qui souffle*
> Le bougeoir indiscret.

Imitez le gendre béni, soufflez votre bougeoir si vous voulez éviter à votre femme le malheur de vous survivre.

Et puis, qu'avez-vous besoin d'une bougie ?

NAISSANCES

On lit dans les *Croyances et Légendes du Centre de la France*, par Laisnel de la Salle :

« La mère qui met au monde un garçon est régalée d'une bonne rôtie au vin bien sucrée ; celle qui accouche d'une fille n'a droit qu'à une simple soupe au lait. Cette coutume, qui est principalement en vogue dans le canton d'Eguzon, rappelle un devoir seigneurial des plus bizarres qui existait naguère chez nos voisins les Poitevins, et dont le titre fut renouvelé en 1787. Ce devoir consistait, de la part de celui qui l'avouait, à se présenter, lors des couches de la femme de son seigneur, devant la porte de l'accouchée et à crier : Vive Madame et le nouveau-né ! Si la dame avait donné le jour à un garçon, le vassal était tenu de boire tout d'une haleine une bouteille de vin et de manger une livre de pain blanc avec une perdrix fortement assaisonnée de sel et de poivre ; le tout fourni par le seigneur. Si la dame n'était accouchée que d'une fille, on ne servait au vassal qu'une bouteille d'eau, un morceau de pain noir et du fromage. »

L'usage de la rôtie a bien pu exister ; il a aujourd'hui complètement disparu, et aucun ne l'a remplacé.

La femme qui va devenir mère appelle auprès d'elle une ou plusieurs matrones, qui font l'office de sages-femmes. Il en existe dans tous les villages. Elles ont toujours la confiance des familles et font une concurrence acharnée à la sage-femme diplômée qui s'est installée à Eguzon depuis plusieurs années. Leurs pratiques ne sont pas toujours sans danger, et ont causé la mort de plus d'une femme.

Ce n'est que dans les cas difficiles qu'on se résout, non sans peine, à recourir à la sage-femme.

Cette dernière a dû se plaindre dernièrement à l'autorité de cette concurrence déloyale. Il y a eu enquête, poursuites et condamnations.

Espérons que cette leçon sera salutaire.

PRÉJUGÉS & COUTUMES

Il existe au sujet de certaines maladies des enfants, et aussi des grandes personnes, une foule de préjugés et de coutumes plus ou moins bizarres.

1. — Votre enfant est-il peureux, un *voyage* à Bonnu (commune de Cuzion) au bon St-Luc, le guérira radicalement.

St-Luc est représenté à Bonnu par une bûche à peine dégrossie et recouverte d'une peinture primitive. Le jour de sa fête, on le porte solennellement en procession, et il est suivi d'un nombre considérable de mamans portant leurs enfants. Ces derniers doivent toucher le saint.

2. — Votre fils a-t-il l'habitude de mettre ses doigts dans ses narines, on vous dit aussitôt : « Ah ! il est bien de St-Marin ! »

Vous ne pourrez jamais le guérir de cette maladie si vous ne faites un pélerinage à St-Marin, près de St-Marcel.

3. — S'il a les oreillons, voici un remède radical, et à la portée de toutes les bourses : vous tirez un seau d'eau, vous faites boire d'abord un âne, et vous faites prendre le reste à votre enfant.

4. — Avez-vous les hémorroïdes ? Portez toujours dans vos poches un marron, et vous ne souffrirez plus.

5. — Pour les convulsions, on doit s'adresser, mais non indifféremment, à Chantôme, à Levroux ou à Thevet. Cette trinité ne représente qu'un seul et même saint, St-Sylvain, qui peut avoir une influence heureuse sur la maladie, mais à la condition que vous vous adressiez à lui à l'un des trois lieux ci-dessus.

Il n'y en a qu'un de bon pour vous ; un pélerinage aux deux autres ne servirait absolument à rien.

Lequel est le bon ? — Voici comment vous le saurez :

Vous nouez trois serviettes semblables, en observant bien celle que vous destinez à chaque saint ; puis vous les jetez dans un baquet plein d'eau. Au bout d'un certain temps, l'une d'elles s'enfonce dans l'eau. — Si elle représentait le saint de Thevet, c'est à celui-là que vous devez vous adresser. Tout cela doit se faire sans prononcer une parole.

6. — Si les enfants, si les parents eux-mêmes, ont des dou-

leurs, ou des maladies rebelles, on va consulter la fontaine de N.-D. des Places, le jour de l'assemblée des Places, le dimanche qui précède la St-Jean-Baptiste, au mois de juin. — Et aussi pour toutes les bonnes Dames.

L'eau de cette fontaine possède plusieurs vertus : non seulement elle guérit ou préserve de la fièvre les personnes qui en boivent ; mais elle indique clairement si les malades sont ou non dangereusement atteints.

Le propriétaire de la fontaine, qui ce jour-là fait ses petits bénéfices, jette dans l'eau un linge qui a touché le malade. Vous le suivez avec anxiété : s'il surnage, le malade guérira certainement ; s'il enfonce, il n'y a plus d'espoir. (1)

7. — Les bronchites, les fluxions de poitrine, sont soumises au jugement du poulet.

On coupe en deux un poulet *vivant*, et sans le déplumer, on applique immédiatement la partie coupée, toute saignante et chaude sur la poitrine du malade. Dans certains endroits on emploie la peau d'un lapin qu'on vient d'écorcher à cet effet.

Si, au bout d'un certain temps, la chair du poulet est devenue noire, le patient est sauvé : son mauvais sang est passé dans le corps du volatile. Mais si la chair n'a pas changé, vous pouvez faire administrer les derniers sacrements ; il n'y a pas de temps à perdre.

8. — Si vous tombez paralysé, plongez le ou les membres atteints, ou le corps, dans un sac plein de fientes de vache toutes

---

(1) Les Places, non loin de Crozant, sur la Cédelle, à 7 ou 8 Km. d'Eguzon, chapelle construite en 1686.

« Vers la fin du XVII° siècle, un membre de la famille Foucaud de St-Germain Beaupré, poussé par une passion brutale, eut le malheur, dans une partie de chasse, d'exposer, par son insistance, une vertueuse bergère à se noyer dans la Cédelle, petite rivière qui coule non loin des Places, où était un de ses châteaux. La mort héroïque de cette pauvre enfant inspira un repentir salutaire au libertin, qui, pour expier sa faute, fit bâtir en l'honneur de la Reine des Vierges la chapelle des Places, dans la paroisse de Crozant. (J.-B. L. Roy-Pierrefitte).

En 1664 on trouva aux Places une statue en pierre représentant la Vierge assise sur un tombeau et tenant sur ses genoux son fils mort.

Une gravure sur cuivre porte l'inscription suivante : « Le portrait de la Vierge trouvé dans le château des Places en la Haute-Marche, le 17 août 1664, de laquelle le visage sue toujours, et fait de grands miracles. »

Cette statue fut mutilée en 1793. — Elle se trouve encore aujourd'hui aux Places.

fraîches, et séjournez dans cet élément jusqu'à complète guérison.
— Le docteur Châteaufort a trouvé un jour un pauvre homme habitant la commune de Bazaiges (village de la Ligne), les deux jambes dans un sac plein de... ces ingrédients-là.

9 — Si vous avez une bonne fluxion de poitrine bien carabinée, buvez du sang de bouc. Je dis : *de bouc ;* le sang de chèvre n'a pas la même vertu.

Un pauvre diable des environs était bien malade d'une fluxion de poitrine. On lui déclara qu'il ne guérirait qu'en absorbant du sang de bouc.

Mais cet animal est rare ; on n'en trouverait peut-être pas un par commune.

On se mit à la recherche. C'était heureusement à l'époque où les boucs rendent leurs plus grands services. (1)

On découvrit dans le Pez-Chauvet un régiment de chèvres, et au milieu du troupeau un bouc magnifique, à barbe vénérable, dont l'odeur *sui generis* se percevait sans altération à une distance infinie.

On coupa une oreille à la précieuse bête et on recueillit le sang que l'on fit boire au malade.

10. — Si la sciatique vous tourmente, votre marchand de tabac pourra vous guérir radicalement et à peu de frais.

Demandez-lui la corde qui lie son tabac à ficelle, et ceignez-vous-en, à même la chair.

Le lendemain, vous n'aurez plus de douleurs.

11. — Pour terminer, un bon conseil, ne faites jamais la lessive pendant la semaine sainte, si vous ne voulez mourir dans l'année.

---

(1) Le propriétaire d'un bouc reçoit tous les ans, au printemps, moyennant redevance bien entendu, toutes les chèvres de la contrée. Il les garde pendant plusieurs jours et les mène pacager ensemble. Aussi n'est-il pas rare de voir dans les champs à cette époque, un bouc entouré de 80 à 100 chèvres.

LE 1ᵉʳ JANVIER

Le jour de l'an, vers 3 ou 4 heures du matin, la population est réveillée par des roulements de tambours.

C'est le tambour public qui souhaite la bonne année aux autorités et aux fonctionnaires.

Les étrangers de passage sautent à bas de leur lit, et s'habillent à la hâte, pensant qu'un incendie s'est déclaré quelque part. Ils se recouchent en maugréant, aussitôt qu'ils connaissent le motif de leur alerte.

Vers les 8 ou 9 heures, le tambour passe chez les gens qu'il a ainsi honorés d'un reveil intempestif pour recevoir ses étrennes.

Le sacristain met aussi toutes les cloches en branle, et fait ensuite sa petite promenade rémunératrice.

Puis viennent les enfants et les malheureux, avec des paniers et des sacs. « Bonne année et bonne santé ». Ils prennent tout ce que vous voulez bien leur donner.

LE CARNAVAL

Le Carnaval est un des plus grands jours de fête à Eguzon, comme dans beaucoup d'autres endroits.

Il serait difficile de connaître la quantité de viande qui se consomme le mardi-gras, attendu qu'on met à contribution les boucheries des environs aussi bien que celles de la commune.

Dès le dimanche, la viande s'emporte à pleins paniers ; on n'oublie pas le petit pot de moutarde.

Les jeunes gens achètent des masques et se déguisent d'une manière abominable, avec de vieux vêtements de femme, tout déchirés, ou de vieux habits en lambeaux.

Ils passent le soir dans les maisons particulières, demandent à boire par signes, ne voulant pas se faire reconnaître, et prennent la menue monnaie dont on veut bien les gratifier.

Ils recommencent plusieurs dimanches de suite.

C'est là toutes les réjouissances qui accompagnent les jours gras. Rien de bien gai ; plutôt macabre.

FEUX DE ST-JEAN

Le 23 juin de chaque année, à la tombée de la nuit on allume des feux de St-Jean dans tous les villages.

On les place ordinairement sur une hauteur, afin qu'ils se voient de plus loin.

A Eguzon, les enfants seuls en prennent toute la charge. Ils vont de maison en maison recueillant des fagots sur un petit chariot qu'ils poussent devant eux, et les entassent sur le champ de foire.

A la nuit, ils y mettent le feu. D'autres feux leur répondent dans tous les villages, et produisent un charmant effet.

Vers la fin, tous sautent par dessus le foyer, en poussant des cris joyeux.

Puis chacun se retire emportant un tison ou des braises que l'on conserve précieusement à la maison pour garantir de l'orage.

SORCIERS

J'ai parlé (voir les de Lignières) du sorcier d'Eguzonnet, Bonnat, qui vivait il y a un siècle, et qui a laissé une réputation bien établie.

Bonnat donnait des consultations.

Il possédait un corbeau apprivoisé (une agrôle) qu'il interrogeait selon la circonstance.

Il se plaçait sous le manteau de la cheminée, et posait des questions à l'agrôle.

Un de ses fils, caché dans le grenier qui communiquait avec la cheminée au moyen d'un trou qu'on y avait percé, faisait crier le corbeau selon la demande, ce qui ne manquait jamais de produire son effet.

Un autre sorcier célèbre habitait le village de Fressignes. Il n'avait pas son pareil pour retirer le lait aux vaches, donner la mouche aux bœufs, ou faire sortir les bestiaux du pâturage et les faire courir toute la nuit dans les héritages voisins.

Les sorciers de l'Age-de-Mont, près de Baraize, sont légendaires.

Aujourd'hui les sorciers ont disparu. Cependant, les gens de la campagne vous disent qu'on rencontre encore des individus qui ont le mauvais œil, qui se livrent à des pratiques occultes, et infaillibles, dont le résultat est de nuire au pauvre monde.

Les uns vont vous faire sécher en peu de temps ; de gras et bien portant, vous deviendrez plat comme une quittance.

Mais c'est surtout pour les bestiaux qu'on redoute leurs sortilèges.

On sait comment ils enlèvent le lait aux vaches : ils mettent du sel dans un trou, et y enfoncent un clou. Cela suffit.

Heureusement, on connaît aujourd'hui le remède.

Vous vous arrachez quelques poils sous le bras, et vous les faites avaler à votre vache dans une feuille de chou. C'est simple et infaillible.

Votre ménagère fait la lessive ; elle y apporte tous ses soins, et elle est enchantée quand les laveuses lui disent qu'elle a très bien réussi, que la lessive est bonne.

Mais qu'elle veille bien le jour où elle la chauffe ! Il arrive ordinairement que certaines matrones viennent voir à la buanderie ce qui s'y passe, uniquement pour nuire, pour faire *tourner* la lessive.

Répandez aussitôt une poignée de sel sur votre linge, et ces mauvaises femmes en seront pour leurs frais ; vous aurez conjuré le sort.

J'ai dit que les sorciers avaient disparu. Je ne sais si c'est bien l'expression de la vérité.

On ne voit plus il est vrai de gens exerçant ouvertement cette profession très rémunératrice ; mais combien d'individus sont en possession *de secrets* pour guérir sûrement certaines maladies ?

L'un panse les brûlures ; un autre les plaies gangréneuses ; un troisième guérit du charbon ; celui-ci des maux de dents ; celui-là des coliques ; cet autre des dartres ; un autre du chancre, etc., etc. Chacun a sa spécialité.

Ces *secrets* se transmettent de père en fils, et la réputation ne sort pas de la famille. Chacune d'ailleurs a toujours à son actif un certain nombre de cures merveilleuses que l'on raconte avec orgueil.

Au fond ce sont toujours des sorciers ou des descendants des anciens sorciers. Il n'y a que le nom qui a disparu.

MENEURS DE LOUPS. — Un vieillard des plus âgés de la commune me disait dernièrement qu'il avait connu des gens qui avaient une bien grande puissance, même sur les animaux sauvages.

« Il n'y a plus aujourd'hui, disait-il, de meneurs de loups, dans le pays ; mais j'en ai connu un dans ma jeunesse.

« Un certain jour que je m'étais levé très matin pour aller travailler près du bois de Fesseau, j'entendis près de moi deux coups de sifflet. Aussitôt, tout alentour, plus de cinquante loups se mirent à hurler, dont un à mes côtés ; et ce fut un vacarme épouvantable dans la forêt. Un peu après un autre coup de sifflet se fit entendre bien plus loin, auquel répondirent les mêmes hurlements des loups qui s'éloignaient et accompagnaient l'homme vers Chantôme. »

Comment ne pas craindre et respecter un homme qui a à sa disposition des bêtes si redoutables ?

CHASSE A RIGO. — Je lui demandai s'il connaissait la chasse à Rigo, ou chasse à Baudet.

« Oui, me répondit-il ; une nuit que je revenais d'Argenton, par un temps clair, en passant près de Baraize, j'entendis derrière moi un bruit effrayant. C'étaient des cris de chiens ; il y en avait sur tous les tons. Tout cela passa près de moi, en l'air, sans que je ne puisse rien voir, et suivait le cours de la Creuse ; ça garnissait bien une bonne boisselée. Je ne sais pas ce que cela peut bien être, mais j'ai eu bien peur. »

Cet homme dit avoir entendu, c'est déjà quelque chose.

MINE DE PLOMBAGINE

Aperçu géologique. — « Eguzon, et le canton dont cette
» ville est le chef-lieu, reposent en général sur le terrain pri-
» mitif. Après la terre végétale, on y trouve :
» 1° Une couche d'argile grise d'une médiocre épaisseur ;
» 2° Une couche de schiste carbonifère à laquelle est subor-
» donnée une couche d'argile noire et compacte ;
» 3° Plusieurs couches de schiste pyriteux et carbonifère
» avec filons de fer pyriteux ;
» 4° Une puissante couche de gneiss avec filons de quartz
» schisteux.
» La couche argileuse, qui se montre à Eguzon, se prolonge
» jusqu'à La Châtre-Langlin, où elle présente du minerai de fer. »
(M. Muzac — publié dans les *Ephémérides de la Société d'Agriculture de l'Indre* en 1838).

La rive droite du ruisseau de la Clavière est formée de mame-
lons élevés, séparés par de légères dépressions. La pente ouest
est roide et boisée de distance en distance ; la pente contraire est
plus douce et se termine à la Creuse. Le sommet et tout le haut
plateau est cultivé, et donne une récolte qui, vu son exposition
au sud-ouest, arrive à maturité avec une avance de plusieurs
jours.

La mine de plombagine est située entre le village de Bousset,
sur la gauche, et ceux de Messant, Chambon et Fressignes sur
la droite de Clavière.

Sur le côté droit, un chemin raboteux qui conduit à Messant,
au pied, le ruisseau de la Clavière, quelquefois à sec pendant
l'été et caché par un rideau d'arbres et d'arbustes.

L'aspect du coteau est en noir ; on croit marcher sur la houille ;
le flanc est garni de genêts et de hautes fougères, où l'on mène
paître les bestiaux.

On y arrive par le chemin peu praticable d'Eguzon à Messant,
ou bien par la nouvelle route de Chambon ; mais alors, arrivé
au pont de Laveau, il faut abandonner la route, prendre sur la
droite et suivre le ruisseau à travers un chemin ébauché dans le
rocher, et tracé jusqu'à la mine.

Le chemin, commencé en 1877 par les concessionnaires, n'a jamais été achevé.

Le pied de la mine a été dégagé ; on y a fait un terre-plein pour y déposer les matériaux. Près de là, se trouve l'entrée des galeries.

Déjà, en 1808, on y avait creusé un puits, mais sans pousser bien avant les recherches.

D'après une lettre du ministre de l'intérieur, de thermidor, an 9, le conseil des mines a été chargé de faire vérifier l'existence des carrières du département de l'Indre. « Cette vérification éclaircira tous les soupçons ; elle éclaircira ceux que l'on a aussi sur l'existence d'une mine de charbon dans la commune d'Eguzon, près la Clavière, à laquelle cependant on ne croit guère. »

Dalphonsc — mémoire statistique sur le département de l'Indre (communiqué par M. Pierre Joseph).

En 1855, un rapport d'ingénieur fait à la suite d'une demande de concession formulée par MM. Poitou, médecin à Eguzon, Ouin et Maigny, constata que la plombagine et l'alun y étaient abondants, et qu'on pouvait en faire l'objet d'une concession.

Un décret impérial du 31 décembre 1856 fit droit à cette demande, et la concession fut renfermée dans un espace de trois kilomètres carrés.

Cette première association fut de courte durée.

En 1857, MM. Poitou, Beauvais et Mulon (ce dernier agissant comme mandataire de M. de la Salvanie, gendre de M. Chaudelenay, propriétaire du château de la Clavière) demandent une concession de 1400 hectares.

Ils obtinrent la même année l'autorisation de construire une usine à pulvériser la plombagine sur le ruisseau de la Clavière aux conditions suivantes :

Le niveau légal de la retenue sera de 0 m. 59.

Le déversoir aura une longueur de 3 mètres.

Le vannage de décharge présentera une surface libre de un mètre carré.

On pourra approfondir de 1 m. 20 le lit du ruisseau en face de l'usine.

Les travaux seront exécutés sous la surveillance de l'Ingénieur et terminés dans un délai de 3 mois.

On voit encore les restes de cette usine, de laquelle il ne reste que des parties de murs ; les arbres et surtout les ronces, croissent à l'intérieur. L'abandon paraît et est en effet le plus complet.

En 1859, un grand danger semble menacer les concessionnaires.

M. Coursier, acquéreur du château de la Clavière, sollicite l'autorisation d'établir non loin de là, sur sa propriété, un atelier pour la préparation de sulfate d'alumine et de fer, et de bleu de Prusse.

Il y eut enquête, seuls MM. Poitou et Beauvais, sont opposants.

L'autorisation fut accordée le 24 novembre 1859, attendu, dit l'arrêté, qu'on doit écarter les réclamations qui n'ont été produites que dans un intérêt particulier.

L'atelier n'a pas été construit.

Lors d'une nouvelle vente du château de la Clavière, on retrouva quantité de cornues et de produits chimiques accumulés par M. Coursier, qui devaient servir à la préparation de l'alun et du bleu de Prusse.

En 1859, MM. Poitou, Gérouille et Beauvais demandent une nouvelle concession près de l'ancienne.

Cette fois elle leur fut refusée « attendu que les demandeurs n'ont exécuté sur les gîtes dont il s'agit que des fouilles superficielles qu'ils ont abandonnées sans avoir obtenu de résultat » concluant, — et qu'il convient d'attendre l'issue des contesta» tions judiciaires dans lesquelles M. Poitou se trouve avec » quelques-uns de ses associés. »

En 1877 une nouvelle société se forme (compagnie anonyme représentée par M. Weber, et où l'on retrouve toujours M. Poitou.)

Une certaine impulsion est alors donnée aux travaux ; une soixantaine d'ouvriers travaillent à la mine ; on commence la construction d'un chemin qui longe la Clavière et qui aboutit au pont de Laveau, à la route de Lourdoueix à Eguzon.

L'activité règne pendant un certain temps; la plombagine extraite est étudiée par un chimiste installé à Eguzon, et expédiée à Paris.

Mais bientôt tout est arrêté, et les difficultés renaissent entre les co-associés

M. Poitou y laissa la plus grande partie de ce qu'il possédait.

La société fut dissoute, et la mine de plombagine vendue, il y a 8 ou 9 ans, au tribunal de La Châtre, à M. Blavin, propriétaire à Eguzon, pour un prix dérisoire, (200 francs si mes souvenirs sont exacts.)

Le terrain acheté par M. Blavin, ne comprend qu'une très petite portion du coteau, où se trouvent l'entrée de la mine, et l'ancienne usine, aujourd'hui en ruines.

Elle appartient aujourd'hui à M. Hastron, percepteur, gendre de M. Blavin.

La plombagine est-elle assez abondante et d'assez bonne qualité pour permettre à une compagnie de faire des bénéfices ?

Assez abondante, il est permis d'en douter. On a creusé des galeries, dont une a plus de 100 mètres de longueur, et il ne semble pas que les produits aient été bien rémunérateurs.

On dit même (tout bas !) que la plombagine qu'on exposait à Eguzon était en partie extraite.... des wagons du chemin de fer d'Orléans ; mais il y a partout des mauvaises langues.
Près du village de Chambon, sur l'autre pente, près de la Creuse, on trouve de très belle plombagine presqu'à fleur de terre.

Des travaux exécutés en cet endroit auraient peut-être été plus productifs, et les frais d'installation moins coûteux.

Ce qui est certain, c'est que la plombagine existe sur une étendue considérable, et que son exploitation serait une source de richesses pour la contrée.

Là où M. Poitou a échoué, d'autres pourront peut-être réussir plus tard ; mais les habitants d'Eguzon doivent de la reconnaissance à l'homme qui a sacrifié sa fortune dans une œuvre qui pouvait rendre de si grands services à ses concitoyens.

CARRIÈRES

Eguzon est bâtie sur un banc de roches schisteuses ; c'est dire que la pierre à bâtir n'est pas rare dans le pays.

Sur le champ de foire, vulgairement appelé le Pré de St-Paul, à la Verrière, à Eguzonnet, à Argentières, etc., on en extrait beaucoup ; de même sur les bords de la Creuse, où le schiste est extrêmement dur, et employé surtout à l'empierrement des routes.

Dans le communal du Pez-Chauvet, on trouve un grès très fin et très beau, mais non exploité ; sur le territoire de Bougazeau, un granit à gros grains peu compacte, et friable, abonde, mais est peu utilisé, si ce n'est à faire des clôtures.

La pierre de taille employée vient de Crozant (granit) ou de Pommiers (calcaire) ; on n'en trouve pas à Eguzon.

CHAUX. — La pierre à chaux, assez abondante dans certaines communes des environs, est à peu près inconnue à Eguzon.

Pour se procuerr de la chaux, un propriétaire de la commune d'Eguzon, qui fut longtemps maire et conseiller général, M David, avait fait construire un four au-dessus de la Lande, sur la limite de la commune de Baraizes.

Comme on trouvait peu de carbonate de chaux à Eguzon, on le faisait venir des environs, de Pommiers, d'Argenton. La chaux ainsi fabriquée revenait probablement à un prix un peu trop élevé.

Aussi l'exploitation fût-elle de peu de durée. Le four fut abandonné et démoli. L'emplacement continue de s'appeler le four à chaux.

Cependant l'usage de la chaux se répand de plus en plus dans le pays ; on en emploie des quantités considérables. Elle provient des fours de Chabenet et d'Argenton.

SABLE. — Près de la Clavière, de la Verrière et du Pouzat, on exploite un sable rouge estimé dans les constructions ; on l'emploie aussi pour l'empierrement des routes.

Pour les crépissages, on se sert du sable de la Creuse, qui

abonde sur certains points de la rivière, et particulièrement à Chambon. Il se vend 5 fr. le mètre cube.

ARGILE. — L'argile forme le sous-sol de presque la moitié du territoire de la commune d'Eguzon.

On l'exploite en certains endroits, pour alimenter la tuilerie d'Eguzon et celle d'Argentières.

Ces tuileries fabriquent des tuiles communes, des briques et des carreaux assez estimés.

Les tuiles se vendent 20 fr. ; les briques et les carreaux 35 fr. le 1000.

On ne fabrique pas de poteries à Eguzon. Les marchands tirent leurs pots et leur grosse vaiselle de Verneuil, près La Châtre.

A Bazaiges, commune du canton, on fabrique des pots, et surtout des cuviers pour lessive, avec une argile couleur d'ardoise.

Les pots à cuire les châtaignes, de Bazaiges, sont particulièrement estimés.

VERRERIE. — Au dire des anciens, les environs d'Eguzon étaient jadis couverts de bois.

Quand ces bois furent exploités, on construisit une verrerie pour utiliser la potasse qu'on extrayait des cendres ; la carrière de sable de *La Verrière* fournissait le sable nécessaire.

Ces dires peuvent être vrais ; mais on ignore à quelle époque remonte cet établissement, et quand il a cessé de fonctionner.

L'emplacement qu'il occupait est situé entre la Lande et la Verrière. On y trouve encore quantité de laitier et de mâchefer, qui indique bien l'établissement d'une usine.

Le lieu dit *La Verrière* doit tirer son nom de la manufacture en question.

CHATEAU-GAILLARD. — Tout près de là, sur un petit mamelon qui a été nivelé dernièrement, s'élevait une maison de maître qu'on appelait Château-Gaillard, (Château Gaillât).

Etait-ce l'habitation du propriétaire de l'usine ci-dessus ? — Etait-ce un ancien château féodal ? On n'a aucun renseignement à ce sujet. Il existe aux archives de l'Indre, dans des pièces concernant l'abbaye de Longefond, une note où il est dit : Extrait du contract et don fait par Jean de Bourbon au *seigneur de la Verrière* et de Châteaubrun, en 1459.

Il devait donc y avoir un seigneur et un château à la Verrière.

Vers 1820 les constructions existaient encore, mais dans un état de délabrement complet : plus de couverture ; mais encore des solives sur les murs en ruine.

Aujourd'hui tout a disparu. Les pierres ont été employées à la construction de la maison qui sert de gendarmerie.

LES MARCHÉS D'EGUZON

Les marchés d'Eguzon furent supprimés pendant la révolution de 1789.

Une des principales causes de leur suppression paraît avoir été la destruction du Pont des Piles. Les habitants de la rive droite qui, en grande partie, alimentaient ces marchés, ne pouvant plus ou que très difficilement passer l'eau, s'abstinrent d'y amener leurs denrées.

En 1822 on demande le rétablissement du marché qui se tiendrait le mercredi de chaque semaine.

Mais la ville de Dun-le-Palleteau s'y oppose. « Les marchés, » dit son conseil, sont peu utiles dans les petits centres ; c'est » une perte de temps pour les cultivateurs ; ils excitent à des » excès de boisson, poussent à l'ivrognerie et à la paresse, etc. »

En réalité, Dun craignait pour son marché qui se tient le jeudi.

Le Sous-Préfet de Boussac et le Préfet de la Creuse émettent aussi un avis contraire.

Malgré cette opposition intéressée, un arrêté préfectoral, rendu à la suite d'une décision ministérielle, rétablit le marché d'Eguzon en 1822.

Mais bientôt on se plaignit de n'y rien trouver. Les femmes portaient dans les maisons particulières le beurre, les œufs et la volaille ; et sur la place on ne trouvait rien à acheter.

Le maire prit alors un arrêté d'après lequel les marchands étaient tenus d'exposer leurs denrées sur la place publique ; il leur était interdit de vendre dans les maisons particulières

Le marché devait être ouvert à 8 heures du matin en été et à 9 heures en hiver, et les revendeurs ne pouvaient s'y introduire que deux heures plus tard.

Cet arrêté fut observé pendant un certain temps ; puis à la la longue on reprit l'ancienne habitude, et aujourd'hui encore on ne trouve à s'approvisionner que de légumes sur la place du marché. La volaille, les œufs, le beurre, se portent directement chez les clients habituels et dans les hôtels.

Les marchés d'Eguzon sont peu importants ; cependant à certaines époques de l'année on y amène quelques menus lots de moutons et des jeunes porcs.

L'audience, qui se tient le même jour y attire certaines personnes, ce qui occasionne un peu plus de mouvement que les jours ordinaires.

LES FOIRES

Au commencement du siècle Eguzon possédait quatre foires qui se tenaient en hiver.

Je n'ai pu retrouver l'époque de l'établissement de ces foires. L'une d'elles, celle du 22 novembre doit être très ancienne.

Dans le comptes de l'abbé de Belesbat, on trouve à la date du 23 novembre 1675 :

Acheté à la foire d'Eguzon : 2 porcs, 24 livres 5 sols ; 6 autres porcs, 64 livres ; 3 autres porcs, 45 livres.

(Communiqué par M. Ponroy).

En 1813, le Conseil municipal, considérant qu'Eguzon est éloigné des grands centres, demande, dans l'intérêt de l'agriculture, 12 foires qui se tiendraient le 26 de chaque mois.

Ces foires furent refusées ; qui demande trop n'a rien.

En 1833, on en réclame trois seulement pour les premiers des mois de juin, juillet et août.

En 1835 on renouvelle la demande, mais en changeant la date ; on voudrait ces foires les 17 juin, 17 juillet et 18 août

En 1838, un décret établit enfin ces trois nouvelles foires.

En 1872, on juge que 7 foires sont insuffisantes dans un chef-lieu de canton, et on en réclame cinq nouvelles pour les 17 janvier, 17 avril, 17 mai, 16 juillet et 18 septembre.

Ces foires ne furent pas accordées.

En 1884, on en voudrait seulement une de plus le 22 janvier. Satisfait.

Mais en 1891, on en veut deux autres, les 17 juillet et 13 septembre ; la demande est renouvelée en 1892.

Ces deux foires viennent d'être établies.

La commune possède maintenant sa douzaine de foires, qui se tiennent aux époques suivantes :

22 Janvier — mercredi des cendres — lundi après la mi-carême — 17 avril — 14 mai — 17 juin — 17 juillet — 17 août — 13 septembre — 17 octobre — 22 novembre et 18 décembre.

Péage — En 1855 on demanda à affermer le péage des jours de foires. La première adjudication se fit en 1856, et s'éleva à

170 fr. — (On avait décidé que pour les foires nouvelles on ne payerait pas de droit d'entrée ; cette clause existe encore aujourd'hui.)

Le prix de l'adjudication s'est bien élevé depuis. Il était de 1890 à 1893, de 800 fr. par an.

Il est maintenant de 960 fr. (adjudication de 7 janvier 1894).

Les droits d'entrée sont ainsi établis :

Pour un bœuf amené... 0 fr. 15
— un veau — 0 fr. 10
— les gros porcs — 0 fr. 10
— les moutons — 0 fr. 25

Les emplacements occupés par les marchands sur la place, payent 0 fr. 10 par mètre carré — Le matériel se paye en sus, qu'il soit ou non fourni par les marchands, à raison de 0 fr. 05 le mètre courant de planche plus 0 fr. 05 par tréteau employé.

Cette clause n'a pas été sans élever de grandes protestations.

BASCULE. — Depuis longtemps on avait l'intention d'établir une bascule municipale à Eguzon ; elle était réclamée par tout le monde.

Les animaux vendus étaient, et sont encore, livrés à la station du chemin de fer.

Là, un propriétaire qui connaît son intérêt a établi une bascule depuis longtemps, et comme la vente se fait ordinairement au poids, c'est sur cette bascule qu'on pesait les animaux.

Mais durant le trajet d'Eguzon à la station (3 Km.) les porcs subissaient une diminution de poids très appréciable, au préjudice du vendeur.

Pour obvier à cet inconvénient, on résolut, en 1892, de faire l'acquisition d'une bascule, et on vota les fonds nécessaires.

Elle fut achetée du poids de 4.000 Kg. de la fabrique Trayvou, de Lyon, moyennant 800 francs.

On fut en désaccord pour l'emplacement. Enfin on décida de l'installer à l'entrée du champ de foire.

Cet emplacement est mal choisi, de l'avis de tous ; il y a encombrement sur la route pendant une bonne partie de la journée, et la circulation est difficile.

On mit, la même année, la bascule en adjudication pour trois ans.

On ne savait pas au juste ce quelle pourrait bien rapporter. On trouva adjudicataire à 115 francs.

Ce dernier n'aura pas à se plaindre de son marché : il est à prévoir qu'à l'expiration du bail, la commune en retirera certainement deux fois cette somme (1).

Voici les prix payés pour chaque pesée ;

Chevaux, ânes, bœufs..... 0 fr. 25
Veaux, moutons.......... 0 fr. 15
Porcs.................. 0 fr. 20
Voitures................ 0 fr. 25

Toute marchandise inerte, par 100 Kg. 0 fr. 20.

Si l'on considère que les jours de bonnes foires on trouve plus d'un millier de gros porcs, et que la plupart se vendent au poids, on reconnaîtra que l'adjudicataire n'a pas fait un mauvais marché.

Les foires se tenaient anciennement autour de l'église ; il en résultait un encombrement facile à imaginer qui rendait la circulation impossible dans les rues d'Eguzon.

En 1871, on décida qu'elles se tiendraient à l'avenir sur un communal de deux hectares de superficie, situé un peu en dehors du bourg, sur la route de Dun, et près du faubourg du Pouzat, et appelé le Pré de St-Paul.

Ce champ de foire est traversé depuis peu par la petite route de Bousset, qui le coupe en deux parties, et qui lui enlève beaucoup de son pittoresque.

On a de plus planté sur les talus de cette route une forêt d'acacias qui nuit au coup d'œil.

A droite de cette route sont les bœufs, vaches et veaux ; à gauche, les porcs, petits et gros.

Les nouvelles foires sont peu importantes ; mais les anciennes sont très bonnes.

On y trouve plus d'un millier de porcs gras ou maigres, et presque autant de jeunes porcs ; de 100 à 150 vaches laitières, autant de veaux, et quelques paires de bœufs.

Les porcs d'Eguzon et des environs sont très estimés aux marchés de la Villette, ainsi que des bouchers des départements limitrophes.

(1) Le 4 août 1895, la bascule a été affermée 200 francs.

Ils sont nourris de châtaignes, de glands, de pommes de terre et de son; la chair est ferme et la graisse excellente.

Leur poids ne dépasse pas 150 à 200 Kilos; il se vendent ordinairement quand ils ont atteint le poids de 100 Kg.; ils ont à peine un an à ce moment.

L'aspect du marché est assez curieux les jours de foire.

Les marchands, arrivés par les trains du matin, circulent à travers les bêtes, et débattent les prix.

Le vendeur est toujours tenace; un sou est un sou; et il n'oublie pas les épingles, qui sont le bénéfice des domestiques.

Le marchand, « le maquignon », lui saisit le poignet de sa main gauche, et frappe avec force avec sa main droite dans la main ouverte du vendeur, en lui offrant un certain prix de sa marchandise, ce manège se continue jusqu'à parfaite entente et le marché est scellé par une « tape » plus vigoureuse du marchand, rendue de la même façon par le propriétaire.

Un marché, non conclu de cette façon, serait presque considéré comme nul.

Les animaux sont alors marqués aux ciseaux. Mais ce marché n'est encore que provisoire; il faut ensuite vérifier la marchandise.

On saisit les porcs les uns après les autres, par une patte de derrière, et on les couche sur le côté.

On leur met un bâton dans la gueule, pour la leur tenir ouverte, et on leur saisit la langue avec un mouchoir de poche, pour l'examiner.

Les porcs ladres sont impitoyablement refusés.

D'ailleurs ces derniers sont souvent reconnus avec l'inspection de la langue; ils ne crient pas comme les autres, quand on les couche; ils n'ont presque pas de voix; c'est plutôt une sorte de sifflement rauque qu'ils font entendre, tandis que leurs congénères offrent des voix de stentors.

Souvent aussi le propriétaire, né malin, a essayé de faire disparaître toute trace de ladrerie.

Mais à malin malin à demi; après un examen minutieux, il est bien rare que la supercherie ne soit reconnue, et malgré les protestations de l'intéressé, voire même ses menaces, le marché est annulé.

Les porcs sont pesés et conduits à la station où se font la livraison et le payement.

Un certain nombre sont achetés par les bouchers du pays, saignés, vidés et ensuite expédiés à Paris, accompagnés d'un nombre respectable de veaux.

L'élevage des porcs est une source de beaux profits pour les petits cultivateurs d'Eguzon. Presque tous se vendent dans le pays même ; on en trouve peu dans les foires voisines.

Les bœufs et les vaches, au contraire, sont plutôt vendus dans les environs, surtout à Chantôme, à Orsennes, à Cluis et à Argenton.

On trouve peu ou point de moutons aux foires d'Eguzon ; on les amène de préférence les jours de marché, à certaines époques de l'année.

On n'y voit non plus ni chevaux, ni ânes, ni chèvres, ni laine.

La halle et la place qui se trouve devant l'Eglise, sont occupées par les marchands.

Sous la halle, se placent plusieurs rangs de marchands de rouennerie et de mercerie.

Sur le milieu de la place, des chapeliers et des marchands de vaisselle. — En bordure, près de la route, des jardiniers (d'Argenton, de Cluis, de St-Benoit, d'Eguzon), des sabotiers et autres marchands de chaussures, des marchands de confection, un bazar (Argenton) ; en face, de l'autre côté de la route des charcutiers, des marchands grainetiers, des taillandiers ; latéralement, des cloutiers, des patissiers ; plus bas, sur la route de Dun, des couteliers, des vanniers, des marchands de parapluies, de cordes, de fouets, des patissiers.

Vers midi, lorsque la vente des bestiaux est à peu près terminée, les gens affluent vers la place ; la circulation devient difficile, vu l'étroitesse de la rue.

Les cafés, les restaurants se remplissent. Les cultivateurs se communiquent leurs impressions, parlent de leurs ventes, choquent leurs verres, les vident et les remplissent fréquemment.

Les paysannes éguzonnnaises, avec leurs coiffes et leurs sabots ferrés, s'entrecroisent avec les marchoises au bonnet planté crânement sur la tête, un peu sur l'oreille.

Elles attendent toutes le moment pour elles le plus intéressant de la journée.

Bientôt en effet, la cornemuse, la vielle, la clarinette se font entendre ; un bal s'installe en pleine rue.

On prélude ; chaque couple prend sa place : Virlélou, virlélou, embrassez vos danseuses ! — Le commandement s'exécute avec ensemble, et la danse commence avec un entrain d'autant plus grand que la température est plus refroidie.

Les jeunes gens s'en donnent à cœur joie.

La circulation est alors interceptée sur ce point et ce n'est qu'à grand peine et avec beaucoup de précautions, que les voitures peuvent se frayer un passage.

A la nuit, les danses cessent, les rues d'Eguzon n'étant pas éclairées ; mais elles recommencent dans les auberges ou hôtels. Elles se prolongent jusqu'à une heure très avancée, les débitants ayant ordinairement la précaution de se munir d'une permission de la nuit.

Le départ se fait enfin : chacun avec sa chacune par petits groupes et à intervalles assez éloignés, prend le chemin de son village.

On s'embrasse fréquemment, on parle d'avenir, on construit, ou plutôt on ébauche des mariages.

On ne s'inquiète pas des parents ; beaucoup d'ailleurs les plus affairés, les plus rangés, sont partis depuis longtemps.

Les autres sont toujours attablés, ne pensant aucunement à leurs enfants ; d'ailleurs il faut bien que jeunesse se passe.

Comme il faut une fin, même aux plus douces choses, on regagne ses pénates, sur le tard, d'un pas chancelant.

Ce second départ n'est pas aussi joyeux que le précédent mais bien plus bruyant. Il se fait souvent par unité ; l'un chante en chevrotant ; l'autre monologue à demi-voix en gesticulant ; celui-là poursuit seul une conservation ; cet autre profère des menaces.

Souvent un groupe de 3 à 4 personnes d'un même village se dispute à grands cris.

Le lendemain, la ménagère constate plus d'une absence.

Cependant, les jeunes garçons, après avoir reconduit leurs danseuses, font une réapparition chez les débitants.

Ceux d'une même commune, d'un même village, apostrophent bruyemment ceux d'une commune voisine, d'un autre village ; il faut vider une ancienne querelle ; les épithètes grossières, les propos malsonnants s'échangent ; chacun veut soutenir la réputation de son village ou sa propre réputation.

La querelle s'envenime, jusqu'au moment où les débitants expulsent enfin les manifestants.

Mais tout n'est pas encore fini.

On fait « la conduite » aux plus éloignés ; on échange des coups, souvent, heureusement, sans gravité, et on se promet bien de se retrouver à la foire prochaine.

ALIMENTATION, COMMERCE & INDUSTRIE

Eguzon possède deux boulangers, MM. Beaumont et Martin, qui fournissent egalement du pain à Baraize, Cuzion, Gargilesse, Le Pin, Chantôme, St-Sébastien (Creuse) etc.

La farine qu'ils emploient vient en général des minoteries d'Argenton.

A la suite de plaintes et de pétitions faites il y a quelques années par certains habitants de la commne, relativement au prix de vente du pain, le conseil municipal à décidé de faire publier tous les 8 jours la taxe du pain. Cette taxe est envoyée par la mairie d'Argenton.

Les moulins de Chambon (1), sur la Creuse, (propriétaire M. Laveaud) et du Breuil-Genest, sur l'Albloux (propriétaire M. Bernard), puis ceux de Châteaubrun, de Bonnu, (Commune de Cuzion) et de Fougères (Commune de St-Plantaire) tous les trois sur la Creuse, ne travaillent que pour les petits propriétaires et les cultivateurs qui font eux mêmes leur pain. (Le moulin de l'étang, près d'Eguzon, a disparu ; il n'y en a plus que quelques ruines).

Eguzon possède deux bouchers, MM. Aufaur-Poitrenaud et Détrois Alphònse, ce dernier établi depuis peu.

En outre un boucher d'Orsennes, M. Thenot, apporte chaque semaine de la viande à Eguzon ; un marchand de St-Benoit, de la marée tous les mercredis. Cette marée débarque le matin même à la station d'Eguzon ; elle est par conséquent assez fraîche.

Au printemps, certains individus font le commerce des chevreaux ; l'hiver, d'autres font de la charcuterie ; enfin, chaque semaine, des revendeurs reçoivent de Limoges ou d'Argenton, des saucisses et des saucissons.

(1) Il existait il n'y a pas très longtemps, à Chambon, sur la Creuse, une usine où l'on cardait la laine ; cette usine a disparu. Les bâtiments sont aujourd'hui occupés par un menuisier M. Villeneuve, qui a établi une scierie mécanique mue par les eaux de la Creuse. Cette scierie ne sert qu'à son usage personnel, et est d'ailleurs assez mal montée.

Les marchands de vins en gros sont aux nombre de quatre : trois à Eguzon, MM. Détrois père, Garreau, Bernard ; un à la station M. Auclair.

Beaucoup d'employés et même des propriétaires et des cultivateurs font venir aujourd'hui directement le vin dont ils ont besoin, et y trouvent leur avantage.

Enfin plusieurs jardiniers, MM. Dubuisson, Capony, Glain, Renaud, Alassœur, sans compter ceux qui viennent d'Argenton et d'ailleurs les jours de marchés et de foires, fournissent les légumes et les plants dont on a besoin.

Outre les sardines à l'huile certains épiciers vendent quelques conserves : thon, homard, champignons etc.

On trouve à Eguzon même une dizaine d'épiciers ; trois sont aussi quincailliers, MM. Lebrun, Baron, Veuve Dérigoin, deux vendent de la confection et de la rouennerie : MM. Villeneuve et Poitrenaud-Marin ; un des chaussures, M. Jolly, un autre de la poterie de Verneuil, M. Tartat ; un autre, M. Latissière est aussi tailleur et perruquier.

Il y a deux hôtels pour les voyageurs : l'hôtel de France. M. Détrois Emile et l'hôtel du Chêne-vert, M. Vallet-Bernard ; — Cinq auberges tenus par MM. Gorce, Augay, Fauconnier, Chauvy, Delaroche ; — Quatre cafés ; Veuve Boué, Bernard, Boiché, Garreau.

Trois maréchaux : MM. Lebrun, Baillargeat et Dumas ; — trois serruriers : Gorce Arthur, Gorce Eugène, Rigodin ; — deux cordonniers Beigneux, Augay ; — trois sabotiers : Fradet Monnet, Gaillardin ; — un bourrelier : Quantin ; — deux charrons : Baron, Aumasson ; — trois menuisiers : Belfond-Belfond, Poitrenaud Armand, Augay ; — un chaisier : Malesset ; — deux tailleurs d'habits : Poitrenaud Louis, Latissière ; — trois couturières, Mmes Dumas, Baron, Guyoton ; — plusieurs lingères ; une marchande de blanc, Mme Poitrenaud, un magasin de rouennerie, Mlle Auchaine.

Dans la campagne, un certain nombre de tisserands, de charpentiers, d'épiciers, un maréchal, un tuilier, un cordonnier, plusieurs auberges, beaucoup de maçons, qui presque tous émigrent au printemps.

AGRICULTURE

Le communal du Pez-Chauvet, et les terres qui l'environnent, conviennent éminemment à la culture des céréales; le sol est argileux, et par suite un peu froid; mais on l'améliore sans cesse au moyen de la chaux que l'on emploie maintenant sur une vaste échelle.

Les terres sont bien cultivées; on fume abondamment et on fait souvent plusieurs labours. Après l'hiver, on passe le rouleau, pour tasser la terre et donner du pied aux céréales soulevées par la gelée.

Malheureusement beaucoup de petits propriétaires voulant sans cesse agrandir leur domaine achètent des terres sans savoir quand il pourront les payer. Ils s'endettent, et les créanciers les obligent souvent à vendre tout ce qu'ils possèdent.

Ces cas-là se présentent fréquemment à Eguzon. De là des mutations incessantes, des déplacements, des changements de résidence, même de commune.

Les terres, ai-je dit, sont en général bien cultivées.

Dans les plus pauvres, on sème le sarrazin qui donne de bonnes récoltes et ne demande pas beaucoup de travail ni de dépenses.

Les pommes de terre et la betterave trouvent tous les principes qui leur sont nécessaires.

Cette dernière n'est guère cultivée que pour l'engraissement des bœufs et l'alimentation des vaches; l'hiver on la conserve dans des silos.

Il est permis de croire que sa culture se développera, si le propriétaire trouve, comme il est probable, un débouché certain à Châteauroux, où l'on établit une usine pour la fabrication du sucre.

Les pommes de terre cultivées à Eguzon sont de deux sortes : la précoce (St-Jean et Madeleine) et la chardon. Cette dernière, dont le rendement est bien supérieur, sert surtout à l'engraissement des porcs.

J'ai déjà dit qu'on cultive peu de seigle. Le froment qui se convient partout dans la contrée, en a pris la place avec avantage.

L'avoine, dont la culture a pris un développement considérable, donne une récolte abondante. Malheureusement elle gèle souvent l'hiver. Aussi fait-on parfois beaucoup d'avoine de mars, bien qu'on lui préfère la première comme étant plus lourde et par suite plus rémunératrice.

Les propriétaires trouvent aisément à vendre leurs grains dans la contrée où on les leur demande longtemps à l'avance.

Les prairies naturelles sont assez abondantes. Ceux qui n'en possèdent pas ont recours au trèfle ordinaire, et à la luzerne, au maïs et au topinambour. On fait peu de trèfle incarnat.

Le climat est trop froid pour la vigne. Cependant certaines côtes bien exposées conviendraient parfaitement à cette plante.

Les quelques vignes qui existaient ont été en grande partie détruites, et on ne replante pas. On trouve néanmoins dans les jardins et sur le devant des habitations un assez grand nombre de treilles.

Les noyers, assez abondants dans les côtes, donnent une récolte médiocre. La gelée leur enlève ordinairement tous leurs fruits.

Les châtaigniers font meileure figure ; leur récolte est assez abondante. Cependant on plante peu et on abat beaucoup.

Le produit n'est pourtant pas à dédaigner, et exige bien peu de sacrifices.

La châtaigne la plus précoce est la pointue. Elle mûrit ordinairement dans le courant de septembre.

On trouve en assez grande quantité la nouzillade, qui est très estimée. Cette dernière ne se mange que grillée ; alors elle se débarrasse facilement de ses deux enveloppes, qui se détachent d'elles-mêmes. Elle est très farineuse, et trouve un écoulement facile.

Vient ensuite la patouillette, très répandue et excellente.

Puis la châtaigne commune, vulgairement appelée marron, très grosse, mais dont on fait peu de cas.

La nouzillade vaut de 3 à 4 fr. le double décalitre ; la pointue et la patouillette, 2 fr. ; la marron, 1 fr.

La soupe, la pomme de terre et la châtaigne grillée ou dans du lait, voilà, pour l'hiver, l'ordinaire d'un grand nombre de familles.

Les châtaigniers abondent encore dans la région ; on en trouve des bois assez étendus ; cependant on les cultive surtout en bordures, le long des héritages et des routes. Etant alors mieux exposés, recevant l'air et le soleil de tous côtés, ils donnent des produits meilleurs et plus abondants.

Les arbres fruitiers sont cultivés dans tous les villages, particulièrement à Eguzonnet, Fressignes, Charchet, la Braudière, Bousset, les Jarriges.

En mélangeant pommes et poires, on fabrique un cidre assez bon, mais qui se conserve peu. On utilise à cet effet les meules des deux ou trois huiliers du pays.

On trouve très peu de pêchers.

Les pruniers sont assez répandus ; ce sont des St-Julien (pour la boisson particulièrement,) des Ste Catherine, des Damas. On fait cuire les prunes au four, et on trouve à s'en débarrasser à bon compte principalement à l'époque du carême.

Cependant depuis quelques années on les fait distiller pour en obtenir de l'alcool. Un tonneau de prunes donne de 18 a 25 litres d'alcool, ne revenant au propriétaire qu'à 0 fr. 30 le litre.

Ceux qui achètent les prunes pour les faire distiller, les paient en moyenne 0 fr. 50 le double décalitre.

On distille également les pommes, les poires, les coings et autres fruits.

— Les arbres fruitiers sont en général mal soignés dans la campagne. Dans les vergers, en petite quantité, il est vrai, on ne laboure même pas le pied des arbres ; on n'y met aucun fumier. Les porcs et les moutons y pâturent toute l'année ; le sol est dur et se laisse peu pénétrer par la pluie. Aussi la végétation est-elle languissante, et les arbres vieux avant l'âge et en mauvais état.

— Le bétail est un peu mieux soigné ; cependant les étables et écuries sont basses et mal entretenues, la litière mal faite, le fumier enlevé trop peu souvent.

Aussi les animaux sont-ils malpropres en général et rarement gras.

Trop souvent on déplore la perte de vaches et surtout de porcs, perte qu'on aurait certainement évitée en partie, en pratiquant un peu mieux les principes élémentaires de l'hygiène, et particulièrement la propreté.

Pour les maladies des bestiaux, on n'appelle jamais le vétérinaire. Il n'y en a pas d'ailleurs à Eguzon, et on regarde à deux fois avant d'en faire venir un d'Argenton ou d'Aigurande, d'autant mieux qu'on a toujours sous la main des individus qui ont la réputation de connaître toutes les maladies des animaux, et qui savent panser de secret.

Les bœufs et les vaches ne sont jamais étrillés ; les porcs sont lavés la veille des foires où on doit les vendre ; les autres jours, ils sont dégoûtants.

Il ne faut donc pas s'étonner si la mortalité sévit sur les bestiaux.

Les autres animaux sont à l'avenant. En 1894, les poules ont presque toutes péri. Si les poulaillers étaient mieux tenus, il est probable qu'on aurait conservé une bonne partie de leurs habitants.

La propreté, comme je l'ai déjà dit, laisse tout à fait à désirer, et à tous ses points de vue. Les fumiers sont, dans les villages, à la porte des habitations ; les eaux des mares où s'abreuvent les bestiaux, sont jaunes de purin ; le devant des portes est garni de litière. Si les maladies et les épidémies causent des ravages, il n'y a rien que de très naturel.

Et comme tout se tient, les propriétaires eux-mêmes et leurs enfants vivent dans la malpropreté ; ils se lavent peu.

Quelques-uns profitent de leur passage au bourg pour se faire raser. Le perruquier me disait dernièrement que certains d'entre eux n'étaient jamais débarbouillés que par lui, lorsqu'il avait l'occasion de les raser.

L'homme puissant qui arrivera à faire pratiquer l'hygiène dans nos campagnes, et aussi à leur enlever une foule de préjugés, leur aura rendu le plus grand des services.

FORÊT DU FAISSEAU

Extrait du mémoire statistique sur le département de l'Indre, par Dalphonse, préfet de ce département, (an XII).

« La République possède une grande partie des taillis (du département de l'Indre) ; elle ne possède que peu de futaies.

Les futaies qui lui appartiennent sont :

1°. Dans le 2° arrondissement (Châteauroux) les fouineaux de 260 arpens.

2°. Dans le 3° arrondissement (La Châtre), la forêt du Faisseau, de 250 arpens.

. . . .

Le bois du Faisseau est situé dans le canton d'Eguzon près la rivière de Creuse. Il fait partie d'une forêt beaucoup plus étendue, et qui, compris le taillis, est d'environ 250 arpens.

Cette forêt dépendait du ci-devant domaine royal.

En 1480 le comte de la Marche concéda au seigneur d'Eguzon la faculté d'y prendre du bois à bâtir et du bois de chauffage.

Ainsi son origine est ancienne. La futaie ne paraît pas avoir plus de 80 à 90 ans. Le bois y est bien planté, bien filé, et assez espacé pour prendre l'accroissement dont il est susceptible. Mais cette futaie, ainsi que les taillis dont elle fait partie, a souffert beaucoup de dévastations depuis la Révolution, et même jusqu'à ces derniers temps ; sans doute parce que, trop éloignée de l'administration, elle n'était pas suffisamment surveillée.

Mais il faut croire que l'administration nouvelle sera plus active et saura conserver cette ressource à la marine. Il faut espérer aussi que la marine en usera avec plus de précautions et plus de soins qu'elle ne l'a fait de quelques coupes qui ont été affectées à son service, et qui ont été complètement perdues pour elle : plusieurs pièces sont restées sur les chantiers, sur les routes, ont pourri sous l'écorce, ou sont devenues la proie de celui qui a été le plus hardi à s'en servir. »

Et plus loin, dans le même rapport :

« Les brandes tiennent presque toutes à des forêts ; elles ne sont elles-mêmes que d'antiques forêts incendiées ou détruites.

Dans leur état actuel, elles servent de défense aux forêts qui ont échappé à la destruction.

Si l'on permet de s'établir dans ces brandes, celles qui sont les plus plus proches des forêts se peuplent, le sabotier y fait sa loge, des gens sans aveu s'y groupent, les chèvres y pullulent, et ce qui reste de ces forêts disparaît.

Les dégâts commis dans la forêt du Faisseau, et qui ont eu pour cause l'établissement de hameaux et de sabotiers, doivent être un avertissement utile. » (Dalphonse).

(Communiqué par M. Pierre Joseph, propriétaire à Eguzon).

La commune d'Eguzon renferme la plus grande partie de l'ancienne forêt royale du Faisseau (et non Faisceau) ; une autre partie, bien minime, se trouve sur le territoire de la commune de Chantôme.

Sa superficie est de 381 hectares.

Elle est aujourd'hui traversée par le chemin de fer de Paris à Agen.

Jusqu'en 1833, elle fut exploitée par l'Etat.

Chaque année on mettait la glandée en adjudication.

L'adjudicataire pouvait y conduire, à des époques déterminées, un nombre de porcs fixé par le cahier des charges (150 environ) ; mais il lui était interdit d'abattre les glands et de ramasser ceux qui tombaient naturellement.

Le montant de l'adjudication s'élevait à près de 200 francs.

Les habitants du village de la Ferrière possédaient dans la dite forêt un droit de pacage et de panage.

Le château d'Eguzon avait aussi, dans la forêt du Faisseau un droit de pacage, consistant à envoyer pacager moyennant redevance, 30 bêtes à cornes et 30 porcs.

D'un jugement rendu le 26 septembre 1589 par Loys de Froment, escuyer, seigneur du Faillaut, maistre des eaux et forêts de la haute et basse marche, il ressort que de tout temps et ancienneté les habitants de la Ferrière et leurs prédécesseurs « ont droit de prendre chacun d'eulx la quantité de douze chartés » de bois, et droits d'erbaige et pascaige pour leur bestial et » leurs pourceaux mesmes en temps de glands, pour deux pour-

» ceaux et leur truye avec sa suite de six moys pour chacun
» feu ;

» ils payent annuellement au roy à cause de sa chastellenye
» de Crozant, en argent vingt sols, seize boisseaux d'avoyne
» mesure de Crozant et une poulle. »

La forêt du Faisseau fut aliénée avec faculté de défricher le 23 mai 1833, en exécution de la loi du 25 mars 1831.

La vente se fit à Châteauroux au profit de M. Château Silvain, de Tendu, agissant pour le compte de MM. Jean Fravaton, avocat à la Cour de Bourges, et Alfred Duchauffour, propriétaire à Paris.

Le 24 décembre de la même année, elle fut revendue à Anne Berthe-Michelle-Louise Clérambault de Vaudeuil, veuve de M. Jean Joseph baron de Macklot.

Par succession, la forêt revint à Madame Charlotte Joséphine de Macklot, fille de la précédente, épouse de M. Louis Germain Delaforêt, comte d'Armaillé.

Cette dame voulut racheter le droit de pacage et de panage que possédaient les habitants de la Ferrière. Ces derniers s'y refusèrent. Il s'en suivit un procès.

En 1843, le tribunal de La Châtre rendit un jugement, confirmé en 1845 par la cour royale de Bourges, fixant la somme à payer aux habitants de la Ferrière pour droit d'usage dans la forêt du Faisseau.

En 1855, M. et Mme d'Armaillé la revendaient à M. Désiré-Charles-Raphaël Linget, propriétaire aux environs d'Orléans, qui la céda en 1862 à M. Jautrou Nobilleau.

Enfin, en 1868, la forêt passa, par succession, à M. Louis Jautrou et à Mme Thouvenin, sa femme, propriétaires actuels.

L'essence dominante dans la forêt du Faisseau, est le chêne, qui y atteint des proportions magnifiques.

Cependant on y trouve en assez grande quantité le hêtre et le sapin.

Elle est souvent visitée par les loups et les sangliers. Les lièvres, les lapins et les renards s'y rencontrent en abondance. On y a trouvé quelques blaireaux et chevreuils ; mais ces derniers animaux semblent avoir disparu de la contrée.

La forêt est divisée en 18 coupes ; une de ces coupes est

exploitée chaque année. Le bois taillis a donc 18 ans quand on l'exploite.

Avant l'arrivée des bûcherons, on procède à l'écorçage des jennes chênes. Cette opération occupe, au printemps, un asssz grand nombre d'ouvriers. Cette écorce, qui servira à faire du tan, est mise en fagots, et expédiée aux tanneries.

La plus grande partie du bois est mise en meule sur place, et sert à faire du charbon. Ce charbon est ensuite mis en sacs et expédié au loin.

Les sacs de charbon de chêne, du poids de 50 Kg. environ, se vendent à Eguzon 4 fr. 50

Le bois qui n'a pas été carbonisé est vendu comme bois de chauffage. Les bûches ont ordinairement 1^m de long, et sont entassées par *cordes*. La corde a 4 pieds de haut sur 8 de long ; son volume est de 3 stères et demi environ. Elle vaut en bois de chêne et rendu-conduit de 20 à 22 francs. (Le bois de châtaignier ne se vend guère que 12 fr. la corde.)

Les fagots provenant de la forêt sont peu volumineux, les grosses branches étant employées à faire du charbon. Ils sont enlevés en grande partie par les habitants de Bazaiges et servent à alimenter les fours des potiers.

Le bois de châtaignier est débité sur place ; on en fait des poteaux et des charniers très solides pour clôtures.

Le hêtre, abondant sur certains points, donne de la faîne en assez grande quantité. Ce fruit est totalement perdu ; il ne sert qu'à la nourriture des écureuils, assez nombreux dans cette région.

On en pourrait cependant tirer une huile très estimée, et doter le pays d'une industrie nouvelle qui pourrait se développer rapidement, attendu que le hêtre se trouve en grande quantité sur plusieurs points du territoire, particulièrement à La Chavrière, au Bougazeau, à Chambon et aux Jarriges, où il atteint vite de fort belles proportions.

BACS

Avant la Construction des routes d'Eguzon à La Châtre (Vers 1837) et d'Eguzon à Lourdoueix St-Michel, (vers 1877) la commune d'Eguzon communiquait difficilement avec les communes de Cuzion et de St-Plantaire.

Des sentiers tout à fait impraticables aux voitures conduisaient bien à la Creuse, à travers des coteaux d'un effet très pittoresque ; mais il était ensuite bien difficile de passer sur l'autre rive.

Le gué du Pont des Piles, (communication avec Cuzion), ne pouvait guère être passé qu'en été, au moment où les eaux sont basses.

Un batelier faisait le service ; mais en hiver il ne se hasardait guère sur la rivière.

On tenta plusieurs fois d'établir un pont pour l'usage des piétons ; mais ce pont était emporté à la moindre crue de la rivière

PONT DES PILES. — En 1812, une bonne partie des électeurs ne purent se rendre à La Châtre pour prendre part à un vote important.

Le conseil demanda alors la reconstruction du pont des Piles. Toutes les communes du canton y contribuèrent pour une somme totale de 4.000 francs.

Le pont fut refait sur des bases plus solides ; et un peu en aval. Comme on ne pouvait y accéder en raison des rochers à pic qui l'avoisinaient, on fit encore des dépenses assez considérables pour rendre les abords praticables.

Cependant il y avait toujours des réparations coûteuses à faire, et ce n'est que depuis qu'on y a fait passer la route de St-Benoit à La Châtre qu'on a un pont en bon état.

Plus haut, entre Bonnu et St-Plantaire, sur la rive droite et Eguzon sur la gauche, la rivière n'est pas guéable.

BAC DE CHAMBON. — On passait la Creuse sur un bac, près du village de Chambon, qui dépend de la commune d'Eguzon.

En 1827 l'Etat prit possession du passage d'eau et des

bateaux de ce passage, malgré les réclamations des intéressés, qui l'exploitaient depuis 1741.

L'exploitation fut mise en adjudication. En 1831, l'adjudication s'est élevée à 93 francs.

Le cahier des charges stipulait ;

« Ne payeront pas de droit : les curés, Préfets et sous-
» Préfets, gardes-champêtres ; les corps ou détachements de
» troupes, les juges de paix, les gendarmes, les facteurs.

Le batelier percevra :

Par personne......................	0 fr. 05
Pour un cheval et un cavalier.....	0 fr. 10
Pour un âne chargé...............	0 fr. 05
id. non chargé...........	0 fr. 04
Pour un mouton, une brebis......	0 fr. 02
Pour chaque paire d'oies ou dindons	0 fr. 02
Pour une voiture à deux roues et le conducteur....................	0 fr. 30
Pour une voiture à 4 roues.........	0 fr. 40
id. à 4 roues et à 2 chevaux	0 fr. 50

» Le batelier ne sera contraint à passer une voiture seule que
» lorsque le conducteur lui assurera au moins une recette de
0 fr. 50 »

Cet état de choses dura jusqu'en 1877. A cette époque on construisit la route d'Eguzon à Lourdoueix, et on jeta sur la Creuse un pont en pierres qui mit en communication les deux rives.

Alors on ne put plus trouver de fermier. D'ailleurs, en faisant un léger détour on pouvait se servir du pont de Chambon.

Aussi, par arrêté préfectoral du 9 novembre 1877 le bac de Chambon fut supprimé.

Les communications entre Eguzon et le hameau de Bonnu sont encore assez difficiles. Au lieu de faire 8 Km. pour se rendre à Bonnu soit par la route de la Châtre soit par celle de Lourdoueix, en faisant un long détour, on peut y aller directement par le village de Fressignes, passant la Creuse sur un bateau appartenant au meunier du moulin de Bonnu.

Ce meunier se fait encore une assez belle recette, étant donné qu'aux jours de marchés, foires, fêtes ou assemblées, beaucoup de personnes utilisent son bateau pour raccourcir le chemin de 3 ou 4 Kilomètres.

Il existait d'ailleurs en ce même endroit un bac qui fut supprimé en 1873.

ORIGINE DU BAC DE CHAMBON

Extrait d'un acte notarié passé à Eguzon en 1741.

« Noble Olivier Tourniol, seigneur de Lavade, conseiller du roy, maistre des eaux et forêts de la Marche et du Limousin.

Et Monsieur François Xavier Coudert, Sr du Chamillon, conseiller procureur du Roy, demeurant tous les deux a Guéret.

Avaient fait faire un bateau sur la rivière de Creuse, à Chambon, pour s'en servir afin d'aller visiter les forests du Roy dépendant de la dite maistrise.

Le bateau menaçant ruine, ces messieurs en firent faire un autre.

En 1741, les sieurs Pichon, Rochapt et Casseroux s'obligent à veiller à la conservation du dit bateau, et à cet effet il leur a été remis la clef du cadenas avec lequel il a été attaché par une chaîne de fer, et s'il arrivait qu'il fut enlevé ou endommagé, seront iceux preneurs obligés d'en faire faire un à leurs frais et dépens.

Ils seront tenus de passer tous les officiers de la dite maîtrise ensemble, les greffiers, gardes, marchands de bois, ou ceux qui les représenteront, sans aucune rétribution ; moyennant quoi ils pourront se servir du dit bateau pour passer des particuliers dont ils retireront la rétribution pour eux sans que personne y puisse rien prétendre.

Ne pourront les susdits passer des particuliers après soleil couché, à l'exception des officiers, gardes, marchands, qui pourront passer à toute heure. »

(Etude Dauthy)

POMPIERS

En 1855, la Commune d'Eguzon voulut avoir sa compagnie de pompiers.

Elle vota une somme de 300 francs pour faire l'acquisition d'une pompe à incendie ; le département lui alloua un secours de 200 francs et la société d'Assurances mutuelles lui offrit 500 francs.

Cette somme de 1000 francs paraissant insuffisante, on sollicita de la Mutuelle de l'Indre un autre secours de 200 francs. Le Préfet accorda une nouvelle allocation de 135 francs.

On acheta alors une pompe à incendie pour la somme de 1335 francs.

La compagnie fut organisée en 1859. Elle comprenait 25 hommes. Douze d'entre eux seulement obtinrent la petite tenue. Un peu plus tard, la commune ayant voté une nouvelle somme de 135 fr. équipa le reste des hommes.

Le Préfet avait promis 25 fusils et autant de sabres et de gibernes. On les attend encore.

M. Guéraud fut nommé sous-lieutenant, et commença l'instruction de la compagnie.

En 1865, le sergent Ledoux, des pompiers de Châteauroux trouva la mort dans un incendie. Un détachement de cinq hommes fut délégué pour assister à ses funérailles.

En 1868, par suite du départ de M. Guéraud, on demanda la nomination de M. Huard St-Julien comme Commandant, de M. Lebrun comme sergent et de M. Gorce pour caporal.

Un conseiller M. Malesset, fit don d'un clairon qui fut remis à Poitrenaud dit Vaury.

L'organisation de la compagnie paraît complète.

En 1876, on vota une somme de 100 francs pour dispenser les pompiers des prestations ; de plus on décida qu'ils ne logeraient pas de troupes de passage.

On construisit un abri pour la pompe sous la halle. Comme elle gênait en cet endroit, un propriétaire, M. Barbaud, offrit de la loger gratuitement chez lui. Mais en 1885, il pria la commune de l'en débarrasser.

On fit alors construire un hangar à l'école où elle se trouve depuis cette époque.

La compagnie est actuellement complétement désagrégée. La plupart des hommes sont morts et on a oublié de les remplacer.

Depuis longtemps il est question de la réorganiser.

Les jours d'incendie, la pompe est mise en mouvement par des hommes de bonne volonté qui, pour la plupart ne connaissent rien à le manœuvre.

INCENDIES. — Heureusement les incendies sont fort rares à Eguzon.

Cinq cas seulement ont été constatés depuis dix ans ; deux étaient un peu sérieux, au village de la Feyte, où plusieurs maisons ont été détruites, et au Faisseau, où un cheval, des bœufs et des moutons ont péri dans les flammes. Les autres cas ont occasionné des dégâts peu importants.

GARDE NATIONALE. — GUERRE DE 1870

En 1868, le gouvernement envoie de Bourges à la commune d'Eguzon.

11 fusils à silex n° 1 irréguliers de voltigeur ;
10 sabres d'infanterie modèle 1816.
6 pierres à feu pour fusils.

On a peine à croire aujourd'hui qu'il y a 25 ans on se servait encore d'armes semblables dans notre armée.

En 1869, le canton d'Eguzon fut divisé en deux centres d'exercices, Eguzon et Cuzion, « afin disent les instructions, que les jeunes gens n'aient pas plus de 15 Kilomètres à faire pour s'y rendre. »

Après les désastres de 1870, la garde nationale fut plus sérieusement organisée, et les cadres établis.

La garde nationale sédentaire, composée d'hommes de 21 à 50 ans, comprenait 209 hommes dont 55 célibataires, 3 veufs et 151 mariés ;

Les citoyens de 21 à 40 ans, mariés ou veufs *avec enfants*, étaient au nombre de 155 ;

Enfin les célibataires ou veufs *sans enfants* appelés sous les drapeaux (classe de 1850 à 1890) étaient 29.

Le 8 septembre furent élus les officiers, sous-officiers et caporaux de la compagnie, qui comprenait 195 hommes.

Furent élus ; Renaud Jean (garde-champêtre) et Huard St-Julien capitaines 1er et second.

Delanneau François et Gallais Pierre, lieutenants ;
Vallet Silvain, Lefranc J. B. sous-lieutenants ;
Thiennet Victor, Instituteur, sergent-major ;
Descolas Pierre, huissier, sergent-fourrier ;

8 sergents : Glain, Brigand, Lebrun, Bouchaud, Guyoton, Grégoire, Auroy, Alasscœur ;

14 caporaux : Bonnet, Vallet, Dugenest, Gallaud, Gallais, Pémailloux, Dauthy (notaire), Malesset, Bardel (percepteur), Wauthier (agent-voyer), Latissière, Chebret (receveur d'enregistrement), Choret, Gaudeix, Détrois et Brigand.

Les exercices se firent trois fois la semaine,

Le conseil municipal fut appelé à venir en aide à nos malheureux soldats.

Le 14 août 1870, il votait 100 francs en faveur des blessés de terre et de mer.

Le 27 octobre, vote de 165 francs, pour la garde mobile et sédentaire.

Le 1er novembre, imposition de 3490 fr. 95 pour dépense de la garde nationale mobilisée.

Le 6 novembre, vote d'une imposition de 3800 francs pour l'organisation de la garde nationale mobilisée.

Enfin, comme le travail était interrompu un peu partout, et que les ouvriers étaient dans la misère, on vota une somme de 1500 francs pour atelier de charité. Les ouvriers furent payés 1 fr. 25 par jour.

La somme n'était pas très forte, mais suffisante pour empêcher de mourir de faim.

Ainsi chacun fit son devoir pendant cette funeste époque. aussi bien ceux qui restaient que ceux qui combattaient.

DE PROFUNDIS. — Parmi ces derniers, quelques-uns versèrent leur sang pour la patrie ; on trouve à l'église une plaque de marbre noir sur laquelle, en caractères dorés, on lit cette inscription :

« A la mémoire des soldats du 2e bataillon de la garde
» mobile de l'Indre, morts pendant la campagne de France
» 1870-1871. »

« *De Profundis !* »

CONSÉQUENCES

Les vieux garçons et les veufs sans enfants, devenus soldats par cruelle nécessité, s'empressèrent de se marier ou remarier, dès qu'ils furent de retour dans leurs foyers.

Ils ne tenaient pas à retourner au régiment.

Par suite, le nombre des mariages fut assez élevé ; celui des naissances suivit la même proportion, ainsi que l'indique le tableau suivant :

Années.	Mariages.	Naissances.
1870	12	40
1871	9	29
1872	19	53
1873	12	32
1874	20	43
1875	22	45

MOYEN RADICAL D'ACCROITRE LA POPULATION. — La population décroît, dit-on ; on ne se marie plus.

Mais voici un remède tout indiqué :

Faites faire trois ans de services à tout homme qui ne sera pas marié à l'âge de trente ans.

Vous pouvez être certain qu'on ne trouvera plus de célibataires.

ÉCOLE DE GARÇONS

La maison d'école des garçons, qui renferme la mairie et la Justice de paix, bien que de construction assez récente, n'offre pas beaucoup d'apparence.

Cela tient à ce qu'elle a été complétée en plusieurs fois, et amenée à l'état actuel après des modifications successives.

Avant 1840, la commune d'Eguzon louait un local. A cette date, elle fut autorisée à acquérir d'un Sr. Pignet, moyennant une somme de 5000 francs, une maison avec dépendances, pour y établir l'école primaire.

En 1848, elle achetait de M. Bourgeois, pour la même somme de 5.000 francs une maison contiguë, pour agrandir l'école, vraiment trop petite pour le nombre d'enfants qui venaient y recevoir l'instruction.

Enfin, en 1875, reconstruction totale sur un nouveau plan.

L'instituteur, M. Aubel, fut obligé de déménager pour permettre la reconstruction de la maison d'école.

La Commune afferma à M. Robin, pour un an, moyennant le prix de 450 francs, une maison située en face de l'école, pour loger provisoirement l'Instituteur, et servir de classe.

Malheureusement, dans la construction nouvelle par raison d'économie, on a utilisé les vieux murs, ce qui fait que la solidité laisse à désirer.

On a même fait servir de vieilles fenêtres qui aujourd'hui sont complètement vermoulues, et devront être remplacées prochainement.

Les deux classes sont vastes et bien aérées ; elles peuvent contenir 130 élèves ; mais la population scolaire ne dépasse guère 110 élèves fréquentant très irrégulièrement.

Ce manque de fréquentation est dû au peu d'aisance de la plupart des parents qui louent leurs enfants comme domestiques de la St-Jean à la St-Martin. La fréquentation est bien meilleure en hiver.

L'école possède une cour, trop étroite, d'une superficie de

192 mètres carrés, et un jardin y attenant de 6 ares 65 de surface.

Quels ont été les premiers Instituteurs d'Eguzon ?

Il est difficile de répondre à cette question.

A la Révolution il n'y avait pas d'instituteurs dans ce canton.

Les Registres de l'Etat civil n'en font aucune mention. Cependant, quelques témoins non qualifiés dans les actes, ont signé d'une écriture bâtarde si régulière et si belle, qu'il est permis de supposer que ces signatures ont été faites par d'anciens instituteurs. Ce serait, vers 1730, L'héritier ; et un peu plus tard, Ranjon.

Les actes des notaires aussi sont muets à ce sujet. J'y ai cependant trouvé un maître écrivain qui habitait la commune de Chantôme.

Il est bien probable qu'Eguzon devait avoir le sien.

Vers 1810 un M. Berger était instituteur. Sa femme vendait de la rouennerie. M. Berger menait joyeuse vie ; il fut d'ailleurs destitué. Madame Berger, paraît-il, faisait plus souvent la classe que son mari.

Un certain jour, elle envoya son mari à Châteauroux faire des acquisitions. Il y dépensa l'argent qu'il avait emporté pour la achats et n'osant pas reparaître devant son épouse, il se pendit à Châteauroux.

Georges Berger s'était marié à Eguzon le 29 septembre 1812, à l'âge de 27 ans. Sa mère habitait Bourganeuf ; il épousa Hélène Trofilier, dont la mère Jeanne Delaveau habitait Châteauroux.

En 1819, M. Lemor fut choisi par le comité cantonal pour remplacer M. Berger. Le recteur de l'Académie de Bourges insista vainement auprès des autorités de la commune pour lui faire assurer le logement et une dotation.

Plus tard, en 1830, le conseil par 10 voix contre 7 refusa encore une fois de fixer la rétribution scolaire. Ce n'est que quatre années plustard qu'il finit par s'exécuter.

En 1834, deux instituteurs, MM. Rosier et la Charmoise, sollicitent le poste d'Eguzon devenu vacant.

Le comité cantonal les fait comparaître devant lui, et leur fait subir un examen en règle.

Rosier a fait preuve d'une grande supériorité. Ce dernier fut présenté et nommé.

La rétribution scolaire fut alors ainsi fixée : Les élèves qui apprendront à lire seulement payeront 20 sols par mois ; ceux qui apprendront à lire et à écrire payeront 1 fr. 50 ; ceux qui apprendront à lire, écrire et compter payeront 2 francs par mois.

Le traitement de l'instituteur sera de 250 francs, y compris l'indemnité de logement.

En 1836 ce traitement fut élevé à 450 francs.

M. Bisson succéda à M. Rosier en 1839, et fut remplacé par M. Roulaud en 1847.

Ce dernier ne fit qu'un court séjour à Eguzon. Un monsieur Duvau avait réusssi à obtenir sa succession ; mais on apprit bientôt qu'il n'avait aucun titre ni brevet.

On choisit alors, toujours après examen du comité, M. Compain, qui fut instituteur de 1849 à 1866.

Si l'on en juge par les notes qui sont restées, M. Compain, était un instituteur hors ligne.

Sous son impulsion, le 16 février 1852, le conseil municipal prit la délibération suivante :

« Le Conseil, considérant que l'agriculture est une des
» bases essentielles de toutes sociétés bien assises ;
» Considérant que depuis plusieurs années une partie de la
» population de la commune s'expatrie par cela seul que n'ayant
» aucune connaissance des principes de l'agriculture, elle croit
» que c'est de son intérêt d'aller à Paris plutôt que de s'adonner
» aux travaux agricoles.

» Que le seul moyen de la ramener au sol est de lui inculquer
» des notions qui la mettent à même de comprendre le bénéfice
» qu'elle en tirerait en procédant d'après les vrais principes.

» Par ces motifs, le conseil, après en avoir délibéré, accorde
» à M. Compain, Instituteur de la commune, à titre de subven-
» tion et d'encouragement, une somme de 50 francs, afin qu'il
» donne des leçons d'agriculture élémentaire, notamment à ce
» qui a trait à l'arboriculture, aux labours, assolements, engrais,
» tels que chaux, phosphates fossiles, noir animal, qui auraient
» si bien leur raison d'être dans nos brandes, ajoncs et
» bruyères. »

Il reconnaît que tous les deux sont capables, mais que M.

CHAMP D'EXPÉRIENCE. — A la suite de cette délibération, le conseil décida qu'nn terrain d'au moins 24 ares, pris dans le pré de St-Paul, servirait à l'établissement d'un jardin pratique d'agriculture, « Que ce serait un immense service rendu au pays que d'arrêter, par l'agriculture, le torrent toujours croissant de l'émigration des campagnes vers les grands centres. »

Il demande une allocation de la moitié de la dépense sur les fonds départementaux, et nomme une commisssion pour examiner l'emplacement.

Cette commission réduisit la superficie du jardin à 14 ares.

Le ministre accorda une subvention de 100 francs.

Après étude approfondie, on dut reconnaître que l'emplacement proposé était impropre à l'établissement projeté.

Ce n'est guère en effet qu'un rocher peu ou point recouvert de terre.

Le projet fut abandonné, et il n'en fut plus parlé.

Mais il n'en faut pas moins loué M. Compain d'avoir fait son possible pour empêcher les jeunes gens de la commune d'affluer vers les grands centres ce qui est la principale cause de la dépopulation de nos campagnes.

M. Compain vient de finir ses jours à Châteauroux où il s'était retiré.

Il fut remplacé à Eguzon par M. Thiennet, qui fut instituteur de 1866 à 1872.

C'est dans cette intervalle, en 1869, que le conseil municipal demanda la gratuité absolue pour les écoles d'Eguzon ; elle ne lui fut pas accordée.

C'est aussi sous M. Thiennet, en 1872, qu'un malheureux accident vint attrister l'école.

Il existait alors une fosse ou plutot une sorte de puisard, dans le jardin.

Un enfant de trois ans et demi ; le jeune Schmitt Robert, fils d'un gendarme, tomba dans cette fosse et s'y noya. Malgré tous les soins qui furent prodigués, on ne put le rappeler à la vie.

On résolut alors, pour conjurer tout danger à l'avenir, d'approfondir la fosse et de la voûter.

Ce travail se fit sous M. Aubel, successeur de M. Thiennet, qui fut instituteur de 1872 à 1883.

Mais pour approfondir cette fosse, il fallut attaquer le rocher excessivement dur à cet endroit. Le travail au pic ne donnant aucun résultat, on fit jouer la mine.

Un jour, au moment d'une récréation, on mit le feu à la mèche. On s'empressa de faire rentrer les élèves. L'un d'eux cependant se retira au fond du jardin.

Une pierre énorme lui tomba sur la tête.

Il fut longtemps en danger de mort. On réussit heureusement à le sauver.

La fosse fut couverte, et on installa une pompe sur la voûte.

En 1891, on enleva cette voûte et on creusa un puits de 10 mètres de profondeur.

Un poste d'instituteur-adjoint fut créé à Eguzon en 1873.

Les adjoints qui s'y sont succédé sont :

Lucas 1873 (mort.)

Démion 1875 (aujourd'hui employé à la Trésorerie Générale.)

Lépinat 1876.

Fonteneau 1877.

Prévost 1879.

Huet 1881 (aujourd'hui professeur à l'école normale.)

Etève 1882.

Bruneau 1883 (aujourd'hui vérificateur des poids et mesures.)

Rougier (de la Charente) 1884.

Bré 1885.

Bonicel (de la Lozère) 1885.

Couturier 1886

Mangevaud (1889) (mort).

Renaud 1891.

Crouzat 1893.

Thiolat 1893.

En 1877. M. Aubel, qui venait de créer un pensionnat, fit carreler le grenier de l'école, avec l'autorisation du conseil et le convertit en dortoir.

M. Aubel réussit aussi à organiser une fanfare à Eguzon. Le conseil municipal lui alloua une certaine somme à cet effet. Quelques instruments de musique furent donnés par plusieurs personnes ; cependant la plupart des musiciens firent à leurs frais l'acquisition d'un instrument.

Un changement de municipalité porta le coup mortel à cette

société, qui n'a jamais pu se remonter depuis, malgré les efforts qui furent faits à différentes reprises.

Cela tient à ce que les jeunes gens d'Eguzon sont trop peu nombreux, et que l'acquisition d'un instrument de musique est pour eux un trop grand sacrifice.

La fanfare de M. Aubel se recrutait en grande partie parmi ses pensionnaires. (Ces derniers étaient d'Aigurande ou de Lourdoueix St-Michel, pays natal de M. Aubel.)

En 1883, M. Aubel fut nommé à Neuvy St-Sépulcre, et remplacé par M. Blanchard, Instituteur actuel.

La bibliothèque scolaire fut créée en 1874. Elle comprit 20 volumes seulement jusqu'en 1891.

En 1890, sur mes instances, le conseil municipal inscrivit au budget primitif une somme de 20 francs pour achat de livres. C'était peu ; mais cette somme répétée tous les ans, permet de meubler peu à peu la bibliothèque.

7 volumes furent achetés en 1891. L'année suivante, on en acheta 8 autres, et le ministère accorda une concession de 20 volumes. En 1893, six nouveaux volumes furent acquis, puis 6 en 1894 et 10 en 1895.

Dans quelques années, la Bibliothèque possédera un nombre de volumes assez élevé, et pourra rendre de grands services à la population.

BIBLIOTHÈQUE PÉDAGOGIQUE. — Une bibliothèque pédagogique a été fondée par cotisations des instituteurs du canton en 1880.

La première acquisition a été de 60 volumes.

Par suite de nouvelles acquisitions et de dons faits par différents éditeurs, la bibliothèque pédagogique possède aujourd'hui environs 400 volumes.

CERTIFICATS D'ÉTUDES PRIMAIRES. — Les élèves de l'école qui ont obtenu le certificat d'études primaires, depuis l'institution de ce certificat, ont été assez nombreux.

Cependant il m'est impossible d'en faire connaître le chiffre antérieurement à l'année 1883

Voici comment ils se répartissent depuis cette époque :

1883	1 élève reçu ;	1890	8
1884	1	1891	9
1885	4	1892	4
1886	6	1893	6
1887	4	1894	4
1888	5	1895	11
1889	7		

Ce nombre serait beaucoup plus élevé, si la fréquentation était plus régulière.

En dehors de ces élèves, 4 ont été admis aux bourses d'enseignement secondaire.

La commune d'Eguzon a fourni jusqu'à ce jour, trois instituteurs seulement.

Deux sont à la retraite, ce sont MM. Mongeraud et Chéroux.

Le troisième, M. Huet, est professeur à l'école normale de Châteauroux.

Enfin, pour terminer, disons que la commune prend à sa charge le chauffage des classes.

Elle vote à cet effet une somme de 300 francs pour les deux écoles.

De plus, elles verse 50 francs à la caisse des écoles pour fournitures gratuites aux élèves indigents.

L'Instituteur est secrétaire de mairie et reçoit de ce chef un traitement de 640 francs.

La commune lui vote en outre un supplément de traitement de 300 francs.

Elle a donné, pendant un certain temps, un supplément de 100 francs, à l'Instituteur-adjoint ; ce supplément n'est plus aujourd'hui que de 25 francs. (1)

En 1868 — Un généreux anonyme fit don d'une somme de 2.000 francs, pour être employée « à l'instruction civile des filles et des garçons des écoles d'Eguzon, »

ÉCOLE DES FILLES

Mlle Adèle Henriquez de Bauregard, qui avait établi à Eguzon une école de filles avec pensionnat, fut reconnue Institutrice communale en 1846.

Le conseil municipal lui vota, après l'avoir refusé une première fois, un traitement de 200 francs, et paya la ferme de la maison d'école.

Cette institutrice ayant donné sa démission, fut remplacée en 1853 par Mlle Camard, qui elle-même eut pour successeur Madame Burat en 1859.

La même année Mlle Poitou Honorine demanda et obtint l'autorisation d'ouvrir une école libre chez ses parents. Elle avait exercé à Brinay (Cher) de 1849 à 1854. Cette école fut de courte durée, Mlle Poitou ayant été nommée receveuse des postes.

Le 4 décembre 1860, l'Inspecteur d'académie écrit au maire :

Monsieur le maire.

Vous n'ignorez pas sans doute que le chiffre des élèves payantes est aussi bas que possible dans l'école de Mme Burat-Dubois, par suite de la concurrence que lui font les demoiselles Poitou.

La gêne de votre Institutrice communale est nécessairement en raison inverse du nombre de ses élèves, et tout en reconnaissant que vous vous êtes montré très bon pour elle, j'ose vous prier de lui donner une nouvelle marque d'intérêt, en lui concédant tant pour sa classe que pour son logement personnel, une certaine quantité de bois de chauffage suffisante pour passer l'hiver.

Veuillez agréer. etc.

L'Inspecteur d'académie.
C. Surrault.

En 1867, M. Mijotte, curé d'Eguzon, présente au Conseil un projet, caressé déjà par son prédécesseur M. Martin, tendant à faire nommer des congréganistes comme institutrices. Deux seraient spécialement chargées de l'instruction des filles, et une troisième visiterait les villages pour donner des soins aux malades. Cette proposition fut repoussée par 10 voix contre 2. — Il demandait en outre le traitement qui était alloué à l'institutrice

La même année, Mme Vve David fit don à la fabrique d'Eguzon d'une maison avec cour et jardin pour servir d'école de filles, mais à la condition expresse que cette école serait dirigée par des congréganistes.

Une école libre, dirigée par des congréganistes, fut alors créée, et comme la maison donnée n'était pas disponible, M. le curé fournit gratuitement un logement.

En 1868, le Conseil municipal, jugeant qu'une seule école était suffisante pour les filles, émet le vœu, par 7 voix contre 2 et une abstention, que les sœurs soient reconnues institutrices communales.

Ce vœu fut pris en considération, et le 1er mars 1869 l'école laïque fut supprimée.

L'Ecole des filles est dirigée par deux religieuses de la Sainte-Famille, dont une est brevetée,

Elle reçoit un nombre d'élèves à peu près égal à celui de l'école des garçons.

ECOLE DE HAMEAU. — La commune d'Eguzon ne possède pas d'école de hameau. Il a été question, il y a quelques années, d'en créer une au village d'Argentières, situé à environ quatre kilomètres d'Eguzon ; mais le Conseil a repoussé ce projet. Cette école pourrait cependant réunir près de cent élèves, ainsi qu'il résulte d'un état que j'ai adressé à l'Inspection sur sa demande.

INSTRUCTION

En 1872, lorsqu'on fit le recensement de la population, on trouva 1342 individus au-dessus de 6 ans, ainsi répartis, sous le rapport de l'Instruction :

Complètement illettrés :

Sexe masculin.. 442.

Sexe féminin... 528.   Total 970.

Sachant lire seulement :

Sexe masculin.. 83.

Sexe féminin.. 66.   Total 149.

Sachant lire et écrire :
Sexe masculin.. 117.
Sexe féminin.. 106.   Total 223.
Soit 28 p. o/o sachant lire et 16 p. o/o sachant écrire.

Et cependant Eguzon possédait une école depuis plus de 50 ans.

Si on trouve une aussi grande proportion entre les personnes sachant lire seulement et celles sachant lire et écrire, c'est que, ainsi que je l'ai dit plus haut, la rétribution scolaire a été plus élevée pour ces dernières, pendant un certain temps.

Mais comment expliquer, ou plutôt justifier ce grand nombre d'illettrés, plus de 72 p. o/o ?

Evidemment au peu d'aisance du plus grand nombre des familles ; mais peut-être aussi au peu de cas que l'on faisait alors de l'instruction.

Aujourd'hui encore, que l'instruction est obligatoire et gratuite, un certain nombre de parents retiennent leurs enfants chez eux, pour les utiliser à la garde des bestiaux, et ne leur font donner aucune instruction ; beaucoup d'autres ne les envoient à l'école que de 8 à 11 ans et si irrégulièrement que quelques-uns sortent sans avoir appris à lire.

La fréquentation est moins bonne aujourd'hui qu'elle l'a été après 1882 ; à cette époque, on craignait l'application des lois scolaires, et les écoles étaient combles ; puis, peu à peu, voyant que cette application restait lettre morte, on ne se gêna pas plus qu'auparavant, et la fréquentation devint aussi mauvaise.

Si bien qu'il n'est pas rare du tout de trouver de grands gaillards au-dessus de 13 ans, qui n'ont jamais connu le chemin de l'école ; tous les ans, plusieurs conscrits déclarent ne savoir signer.

Dans quelle proportion sont ces illettrés, qui font aujourd'hui la honte d'une commune ? On ne peut le savoir au juste ; cependant, après examen des listes des enfants de 6 à 13 ans, j'estime qu'à Eguzon on en pourrait trouver de 5 à 8 p. o/o, peut-être davantage.

Et cependant il existe ici, comme dans toutes les communes de France, une commission scolaire ; mais ici, comme partout sans doute, cette commission ne fonctionne pas et n'use d'aucune influence pour engager les parents à négliger un peu moins l'instruction de leurs enfants.

Que de services pourtant elllle pourrait rendre, tant aux familles qu'aux Instituteurs !

Espérons que bientôt une plus grande vigilance de la part des commissions scolaires, et surtout une application plus sérieuse de la loi sur l'instruction obligatoire, viendront remédier à cet état de choses vraiment triste en notre siècle.

GARDE CHAMPÊTRE

La commune d'Eguzon ne possédait pas de garde-champêtre avant 1813. A cette date, le conseil municipal demande un garde pour Eguzon et Chantôme; il aura un traitement de 120 francs qui sera payé par les habitants des deux communes au marc le franc de leurs impositions. Mais on se réserve expressément si son service n'était pas satisfaisant, de provoquer la suppression de l'office.

Deux anciens militaires, habitant le chef-lieu, sont désignés au choix ; l'un deux, Pierre Alabré fut choisi.

Les services du garde ne furent probablement pas satisfaisants, car on ne voulut pas lui accorder de successeur malgré les instances de la sous-préfecture.

« La proposition de la nomination d'un garde-champêtre,
» dit une délibération prise en 1844, ayant été renouvelée au
» conseil, bien que déjà trois fois le conseil l'ait rejetée par des
» délibérations motivées prises à diverses époques,
» Le conseil, considérant que cette institution des gardes-
» champêtres qui, au premier abord paraît utile, n'atteint pas
» le but qu'on s'était proposé ; qu'en général les gardes-champê-
» tres rendent peu ou point de services, si ce n'est dans quel-
» ques communes aux maires dont ils sont les serviteurs
» personnels; que l'épreuve qui a été faite de cette institution
» en France depuis environ 50 ans n'a en général pas satisfait
» l'attente qu'on avait conçue, et n'a été qu'une charge, qu'une
» création d'un employé parasite pour les communes,
» Par ces considérations, et bien d'autres qu'il serait trop
» long d'énumérer ici, le conseil repousse définitivement cette
» proposition de la nomination d'un garde-champêtre, et désire
» n'en être plus fatigué à l'avenir. »

C'était dur.

Cependant en 1852, un garde-champêtre fut nommé pour Eguzon et Chantôme, avec un traitement de 300 francs.

COMMISSAIRE DE POLICE. — Mais en 1853 un commissaire de police M. Broua, était installé à Eguzon.

La commune voulut alors supprimer le garde-champêtre, et se servir de son traitement pour payer le commissaire.

Cette combinaison échoua, et elle eut à pourvoir aux traitements de ces deux fonctionnaires.

Sur la demande du sous-préfet, la commune vota même une somme de 19 fr. 50 pour orner le garde-champêtre d'un costume faisant ressortir l'importance de sa personne et de ses fonctions. La réconciliation paraît alors complète.

Tout à coup, en 1862, on constate avec stupeur que le garde n'avait pas de sabre « tandis que les autres gardes du canton en étaient pourvus, et qu'il convenait de lui en acheter un afin qu'il fût comme les autres, et eût son uniforme au complet. »

On découvrit qu'un ancien garde avait un sabre, qui évidemment ne lui servait plus. Il consentit moyennant la somme de six francs, à le céder à la commune, qui en gratifia le garde-champêtre.

Dès lors ce dernier put paraître en public sans trop de désavantage. Mais le traitement que lui servait la commune ne lui permettait pas de vivre en grand seigneur.

Aujourd'hui, sa position s'est améliorée ; il jouit d'un traitement de 800 francs, et sait se créer de petites ressources supplémentaires.

A Pierre Alabré ont succédé :

Mignerat ;

Mercier ;

Thomas, mort en 1863 ;

Delavale, mort en 1866 ;

Renaud Jean 1866 ; ce dernier est toujours garde-champêtre à Eguzon. — (1895.)

Quant au Commissaire de police, le Conseil a demandé la suppression de l'emploi en 1863, se basant sur ce que ses services étaient à peu près nuls, quoiqu'il lui coûtât annuellement 504 fr. 20, et que la suppression lui permettrait de rétablir l'ordre dans ses finances.

Cette suppression fut opérée en 1866. — A M. Broua avaient succédé : M. Ringuet, qui fut appelé aux mêmes fonctions à Valençay, en 1863, puis M. Masse ancien inspecteur de police de Paris.

GENDARMERIE

Si la commune d'Eguzon ne tenait pas à avoir un garde-champêtre, elle sollicitait en revanche, depuis le commencement du siècle, une brigade de gendarmerie à cheval. Il ne fut pas tout d'abord donné suite à sa demande.

Celle-ci fut réitérée avec plus de force en 1841. Quelque temps après une brigade fut installée à Eguzon.

Elle fut logée dans une maison entourée d'un parc magnifique, qui est aujourd'hui habitée par M. Pierre fils.

Si le local était convenable, il était un peu trop en dehors du centre. Les gendarmes durent l'abandonner pour venir habiter une maison située sur la place d'Eguzon, qui fut affermée par M. Dérigoin, alors adjoint au maire. Un jardin, près du cimetière, en dépendait.

Ils ont toujours depuis habité cette maison, qui d'ailleurs fut achetée, ainsi que le jardin, à M. Dérigoin, en 1878.

La maison est assez vaste, et bien située. Rien ne se passe à Eguzon que les gendarmes en soient immédiatement informés.

Le premier chef de brigade fut probablement un M. Giré.

Au mois de mai 1847, il y eut quelques troubles à Eguzon, (voir atelier de charité).

M. Giré n'était pas du côté qui représentait l'ordre. Aussi, au mois d'août suivant, le maire demande son déplacement disant qu'il reconnaît « que M. Giré ne peut faire de bien à la localité..... il pourrait se faire qu'il ferait autant de bien dans une autre brigade qu'il a causé de désordre dans celle-ci.

Je ne terminerai pas ma lettre, ajoute le maire, sans vous adresser une prière, celle de rappeler à votre mémoire que M. Giré a 22 ans de services, une famille à élever ; je fais des vœux pour qu'il ne soit pas dégradé. »

M. Giré n'avait sans doute pas non plus une tenue des plus correctes ; il fut l'objet de plus d'une dénonciation à ses chefs.

A une demande de renseignements formulée par le lieutenant de gendarmerie, le maire répond :

« Il est bien vrai que le jour de la foire (novembre 1847) M.

le brigadier Giré s'est déguisé avec la blouse et le chapeau d'un homme de la campange, que ce même paysan s'était coiffé de son bonnet de police ; ils se sont livrés à la danse pendant quelque temps étant l'un et l'autre dans un état d'ivresse.

Je n'ai pu avoir des renseignements positifs sur la conduite scandaleuse tenue par le même brigadier à Argenton ; mais il a tenu vis à vis Davenot des propos qui remontent jusqu'à la personne du roi qu'il a attaquée sans ménager le gouvernement, et méprisant aussi la personne de ses supérieurs.

Il a attaqué non seulement la haute administration, mais aussi ses supérieurs et vous y étiez pour quelque chose.

Que vous dirais-je ? des choses qu'il est toujours désagréable de prononcer. En somme, il dit envoyer dormir du sommeil éternel plusieurs individus, et ce sont en première ligne ceux qu'il suppose les auteurs des disgrâces qu'il a essuyées.... »

Il est plus que probable qu'à la suite de tous ces rapports M. Giré fut déplacé.

Après vinrent :
Gilles, brigadier, jusqu'en 1863.
Delle, — — 1864.
Laruelle, — — 1871.

En 1870, un homme se noyait à l'étang d'Eguzon ; il fut sauvé par un nommé Gaudeix ; à cette occasion, Laruelle, fut décoré.

Depuis 1871, la Brigade a à sa tête un maréchal des Logis.
Ce fut d'abord Fiolle, jusqu'en 1873 ;
    Puis Biguier. — 1876 ;
    Bonnin, — 1880 ;
    Allier, — 1892 ;
    Andrieux, — 1892 (3mois) ;
    Garreau, jusqu'en 1895 ;
    Marteau maréchal des logis actuel.

La gendarmerie est munie d'un dépôt de sûreté.

En 1857 le sous-Préfet exigea la nomination d'un concierge pour ce dépôt de sûreté.

Le Conseil municipal refusa, prétextant qu'un concierge était inutile, le dépôt ne servant qu'à emprisonner 5 ou 6 personnes chaque année.

Le concierge n'en fut pas moins nommé, mais pour peu de temps

La gendarmerie renferme une cour très étroite dans laquelle se trouve un puits.

En 1891 un individu de la commune du Pin, soupçonné de vol fut arrêté et emprisonné provisoirement à Eguzon.

SUICIDE. — Le jour où on devait le conduire à La Châtre, il échappa un instant à la surveillance de ses gardiens, et se précipita la tête la première dans le puits, qui n'était pas recouvert d'un grillage.

Aussitôt, grand émoi. Un gendarme, M. Chevet, descend précipitamment dans le puits, s'enfonce dans l'eau jusqu'aux épaules, et ne parvient pas à retrouver le pauvre diable.

Le froid le saisit, et lui-même faillit y rester. On le remonta bien malade. Il dut s'aliter, et resta assez longtemps gravement en danger.

On parvint enfin, après bien des efforts, à retirer le noyé. Le médecin étant absent, on le frictionna une bonne partie de la journée.

On reconnut enfin que tous les soins étaient inutiles ; l'individu s'était brisé la colonne vertébrale.

Il fut enterré civilement dans le cimetière d'Eguzon.

La brigade de gendarmerie est à pied. Elle dessert le canton d'Eguzon à l'exception de la Commune de Pommiers, qui se trouve un peu trop éloignée. Cette commune reçoit la visite de la gendarmerie de Cluis.

ENREGISTREMENT

Le bureau de l'Enregistrement n'a été créé à Eguzon qu'en 1813.

Avant cette époque, Eguzon dépendait du bureau d'enregistrement de Cluis, qui fut par la suite transféré à Neuvy.

Le Conseil municipal se plaignit bien souvent de cet état de choses. Le service en souffrait beaucoup, vu l'obligation de faire 21 kilomètres pour se procurer des feuilles de timbre.

Ce n'est qu'à la suite de réclamations énergiques qu'on fit droit à la demande du conseil, demande justifiée d'ailleurs, puisque d'après la loi chaque canton devait avoir un Receveur d'Enregistrement.

Cependant, s'il n'existait pas de bureau proprement dit à Eguzon, il y avait pourtant un contrôle, dont les registres et sommiers remontent à 1728.

Un contrôle semblable existait à Gargilesse depuis 1698.

Jusqu'à la Révolution le contrôleur, à Eguzon, fut un Delacou.

En 1813 M. Perré remet à M. de Brugière les registres, sommiers, tables, etc. dépendant des bureaux de Gargilesse et d'Eguzon.

Voici la liste des receveurs de l'Enregistrement qui se sont succédé jusqu'à nos jours.

1813. M. de Brugière.
1814. M. Bravard-Lavernière.
1814. M Dumerin.
1820. M. Bordenave.
1823. MM. Malaurie et Demonferrand.
1824. M. Lesieur.
1825. M. Malot.
1826. M. Laiglhoust Degoinville.
1830. M. Touchard.
1832. M. Brette.
1834. M. Le Breton.
1835. M. Lecler.
1837. M. Baudonnat.
1838. M. Mailhard de la Couture.
1839. M. Deslineau.
1840. M. Tabournel.
1841. M. Parent.
1843. M. Bigorne.
1844. M. Cardonne.
1855. M. Bonnière.
1846. M. Fourdimir.

1847. M. Hervet du Penhoat.
1849. M. Lanneau.
2850. M. Guerraud.
1051. M. Lecoquière.
1854. M. Delimend.
1855. M. Lamaignère.
1856. M. Sabourault.
1858. M. Dubreuil.
1860. Massonnet.
1863. M. Martin.
1866. M. Maillard.

1867. M. Maquard.
1868. M. Chebret.
1872. M. Pigelet.
1875. M. Lutaud.
1880. M. Evain.
1882. M. Chollet.
1885. M. Charpentier.
1887. M. Debrie.
1892. M. Rouxin.
1893. M. Brault.

Le bureau d'Eguzon a aujourd'hui trois notaires dans sa circonscription; ce sont les notaires d'Eguzon, M. Dauthy, de Badecon (Cne du Pin), M. Merlot, et de Cuzion, M. Fauconnier.

Ces messieurs font ordinairement enregistrer leurs actes les mercredis, jours de marché et d'audience à Eguzon. (1)

JUSTICE DE PAIX

Le territoire qui compose aujourd'hui le canton d'Eguzon avait en 1789 plusieurs juges résidant à Crozant (Creuse) Eguzon, Châteaubrun et Gargilesse.

Celui d'Eguzon s'intitulait : Juge châtelain de la justice d'Eguzon, Fougère et Laubier. (Fougère et Laubier sont aujourd'hui deux villages du canton d'Aigurande).

Voici, depuis 1792, la liste des Juges de paix et des greffiers qui se sont succédé à Eguzon.

Années.	Juges.	Greffiers
1792	Etienne Maugenest	Martinet-Guyoton
an 2	Pierre Delacou	Cujas

(1) **PERCEPTEURS**

M. *Autourde*, percepteur à Eguzon, démissionnre en 1829 ; il est remplacé par M. *Brunaud*, déjà percepteur à Gargilesse.

En 1885, ce dernier fut nommé à St-Chartier, et remplacé par M. *Béguin*, qui mourut en 1862, et eut pour successeurs M. *Bardel* (1870), puis M. *Fauchais* aujourd'hui à Argenton ; M. *Lemardelay*, aujourd'hui à Clamecy (1882) et enfin M. *Hastron* (1892) ancien conseiller de préfecture, ancien Sous-Préfet, percepteur actuel.

1805	François Mallet	Malardeau
1807	Pierre Malardeau desCoutures	Vergne, Blanchet Camard, Ribault
1839	Et. Marie Delagarde	Aloncle, Mignerat
1862	Duchâteau	Mignerat
1873	Pierre Jules	id
1876	Théod. Aug. Morin	Mignerat, Goumy
1882	Pierre Louis Berthoulat	Goumy
1888	Hipp. Alph. Ardouin	id

En Juillet 1883 un affreux malheur vint frapper la famille Berthoulat, et jeter la consternation dans le pays.

4 NOYÉES. — La femme et la fille du juge paix, et deux autres dames de Bourges, leurs parentes, se noyèrent en se baignant dans la Creuse, au Pin, au lieu dit : Bains de G. Sand.

Les deux premières furent enterrées à Eguzon.

On a élevé près du lieu où se sont noyées ces dames, et sur la rive gauche de la Creuse, un monument qui rappelle cette catastrophe.

NOTAIRES

Si le canton d'Eguzon ne possède aujourd'hui que trois notaires, il n'en a pas toujours été ainsi ; avant la révolution il y en avait bien davantage.

A Gargilesse, on en comptait deux : Silvain Delaneau (remplacé par Prungnaud) et Dubuisson (1769-1800), notaires du baillage et chatellenie de Gargilesse ; un à Badecon, (Moreau 1760).

Il y en avait deux à Cuzion, dont un pour la chatellenie de Châteaubrun ; un autre au village de Fougères, Cne de St-Plantaire, près d'Eguzon, un autre à St-Plantaire.

Dans la *paroisse* d'Eguzon, outre ceux qui habitaient le bourg, et qui étaient au nombre de deux, on trouvait un notaire au village d'Argentières, (Poitrenaud 1860) ; un autre à Bougazeau, Delesgues, puis Alassaunière 1683-1711 ; un à Croc, Perpérot, puis Pérussault 1785-1800.

A Eguzon nous trouvons :

Belleuil 1650-1680, et les Delacou, de père en fils jusqu'en 1830 ; Maugenest 1740-1793 ; Mingasson Simon 1830-1836 ; Lupé ; Debbois ; Prunget 1844 ; Moreau 1848 ; Pierre 1858, puis M. Dauthy, depuis 1865.

Les expéditions des actes étaient quelquefois sur parchemin.

Les actes des notaires d'Eguzon furent contrôlés, jusqu'à 1789, par un Delacou, spécialement chargé de cet office.

Ceux de Gargilesse l'étaient à Gargilesse.

J'ai dit ailleurs que les minutes étaient faites pour Eguzon sur des feuilles portant le timbre de la Généralité de Moulins.

Ci-joint quelques échantillons de ces timbres recueillis sur des actes entièrement détruits par l'humidité.

LES DELACOU

J'ai dit que les actes des notaires d'Eguzon étaient contrôlés sur place.

Dès 1600, on trouve un Delacou, contrôleur ; en 1720, un autre était juge chastelin d'Eguzon.

La famille Delacou est une des plus anciennes du pays.

Paul Delacou, sieur des Chezelles, était, vers 1770, avocat en parlement ;

En 1780, Pierre Delacou était notaire royal, procureur, et garde général des eaux et forêts du roy. — Pierre et Paul Delacou furent signataires du cahier des Doléances du Tiers-Etat de la sénéchaussée de Guéret.

En 1789 Pierre Laurens Delacou, était huissier au Châtelet de Paris.

En 1793 Jean Silvain Delacou était juge de paix du canton, membre du conseil général et *élu* pour dresser les actes de l'état civil ; il signait : Delacou officier publique.

En 1792, dame Marie-Anne Delacou, veuve de feu maistre Paul Delacou, vivant homme de loi, acheta le château des Jarriges.

Vers 1822. Delacou Joseph acheta le château d'Eguzon.

Enfin dame Delacou Pauline (fille de Joseph Delacou), épousa M. Huard du Plessis et du Palis.

Son fils, M. Huard St-Julien possède encore aujourd'hui le Château d'Eguzon.

POSTE

Au commencement du siècle, Eguzon était desservi par le bureau de poste de St-Benoit-du-Sault.

Le service était très primitif. Le facteur, dont la tournée était très chargée, ne venait guère que tous les trois jours. Des plaintes se faisaient entendre à tout moment.

On demanda et on obtint que le service se fît par Argenton, les communications avec cette localité étant plus faciles. On n'en fut pas plus satisfait.

L'administration de l'Enregistrement entretenait à ses frais un piéton qui, deux fois par semaine, portait sa correspondance à Argenton.

En 1824 le conseil municipal vota un traitement de 45 francs à ce piéton qui se chargea, moyennant cette rétribution, de faire le service du public en même temps que celui de l'enregistrement et trois fois par semaine au lieu de deux.

Cependant on réclamait à grands cris un bureau de poste, que l'administration s'obstinait à ne pas reconnaître nécessaire.

Un service rural journalier fut enfin établi en 1833.

A la suite de démarches actives faites par le conseil municipal on créa, en 1837, un bureau de distribution relevant d'Argenton. Mlle Camard fut nommée à ce nouvel emploi.

Un service à pied se faisait du Fay (commune de Parnac) à Eguzon.

Un peu plus tard le bureau fut érigé en recette.

Le poste a été occupé successivement par Mme Camard, Mlles Deleffe, Sauvée, Poitou, et M. Papiot, actuellement receveur de la poste (1895).

TÉLÉGRAPHE. — En 1874 l'administration des Postes proposa au conseil municipal l'établissement d'un télégraphe électrique.

Le conseil repoussa cette proposition alléguant l'impossibilité pour lui de se créer les ressources suffisantes.

Ce n'est qu'en 1882 qu'il vota les frais nécessaires à l'établissement du télégraphe, qui fut établi par décision ministérielle la même année.

En 1856, une voiture publique transportait les dépêches de la station d'Eguzon à La Châtre, desservant les bureaux d'Eguzon, Orsennes, Cluis et Neuvy.

Ce service fut supprimé il y a une douzaine d'années. On créa alors un bureau de poste à Cuzion, et le transport des dépêches se fit à pied de la station à ce dernier bureau.

La création, en 1892, d'un bureau de poste à Pommiers, a amené de nouvelles perturbations dans le service.

Les dépêches arrivent maintenant à Eguzon par Pommiers, qui dessert en même temps Cuzion.

Le Courrier, qui arrive à Eguzon vers les six heures du matin, en repart à quatre heures du soir.

VOITURE PUBLIQUE. — Cependant, à six heures du soir une nouvelle levée se fait, et les dépêches sont transportées au train par une voiture publique qui fait le service des voyageurs et se trouve à la station à tous les trains venant de Paris.

La distribution des dépêches se fait par trois facteurs ; l'un dessert Eguzon, un autre la station et Chantôme, et le troisième Baraize, une partie de Bazaiges et de Ceaulmont. (Ces deux dernières communes sont desservies par Argenton et Celon.)

La voiture publique, dont il est parlé ci-dessus, fait gratuitement le service des dépêches, le soir, et assure moyennant 0 fr. 40 le transport des voyageurs allant sur Limoges ou venant de Paris (et des stations intermédiaires). Elle fait aussi le service des messageries, suivant le tarif consenti.

Le transport des dépêches n'a pas toujours été gratuit. Mais le propriétaire de la voiture est maître d'hôtel, (Hôtel du Chêne-Vert) et il a une concurrence à soutenir avec l'Hôtel de France.

Lorsqu'il a fallu renouveler le traité du transport des dépêches avec l'administration, le propriétaire de l'Hôtel de France offrit de faire ce service gratuitement, pensant avec raison que les voyageurs qui descendraient chez lui l'indemniseraient largement de ses dépenses.

Son concurrent, qui savait au juste à quoi s'en tenir à ce sujet, s'offrit à continuer le service dans les mêmes conditions, c'est-à-dire pour rien.

L'administration ne peut que désirer qu'une concurrence semblable s'établisse dans toutes les localités où elle est obligée de rémunérer un service de dépêches.

Depuis le 1er décembre 1894, le service est fait par le propriétaire de l'Hôtel de France, M. Détrois, mais plus dans les mêmes conditions que son prédécesseur.

ROUTES

Les premières routes construites, celles de St-Benoist à La Châtre et d'Argenton à la Souterraine, datent de 1846.

Avant cette époque Eguzon était difficilement abordable.

Les chemins étaient très mal entretenus, et on ne peut se faire une idée de ce qu'ils pouvaient bien être.

Il faudrait la plume de George Sand, pour nous en faire la description.

On sait que le célèbre écrivain berrichon affectionnait les rives de la Creuse, et a fait un assez long séjour à Gargilesse, où on se souviendra toujours de la Bonne Dame.

De là, elle allait fréquemment visiter les sites remarquables des environs, et devait nécessairement traverser le bourg d'Eguzon. Elle a fait de ce bourg une description sommaire dans le « Péché de M. Antoine », description que j'ai reproduite dans un autre chapitre.

Mais ce qu'elle a négligé de raconter, c'est la petite aventure qui lui arriva à Eguzon même, et qui donne bien une idée de ce qu'étaient vers 1845 les voies de communication de ce chef-lieu de canton.

GEORGE SAND EN DÉTRESSE. — Un certain jour, elle partit d'Eguzon avec plusieurs amis, tous montés sur des ânes, pour aller visiter Crozant.

La petite caravane ne devait pas aller loin ce jour-là.

Elle n'avait pas fait 50 mètres que les ânes s'embourbèrent avant d'être arrivés aux dernières maisons du bourg, et refusèrent obstinément d'avancer.

Ils s'étaient enfoncés dans la boue jusqu'au poitrail, et ne pouvaient plus faire un pas.

Les dames poussaient des cris aigus. On mit tout en œuvre pour sortir de là. Tout fut inutile ; les ânes demeurèrent inébranlables.

On appela au secours. Les habitants se mirent aux portes et répondirent à leur demande par des éclats de rire.

Personne ne se dérangea. On semblait heureux de voir des dames si bien mises dans cette position critique.

Comme on ne pouvait, même sur des ânes, stationner indéfiniment dans un lieu semblable, on prit un parti héroïque. George Sand descendit de sa monture ; ses compagnons l'imitèrent. On releva haut les jupes, à la grande joie des voisins, et l'un tirant l'autre, ânes et cavaliers parvinrent au prix d'efforts inouïs, à sortir du bourbier, accompagnés des railleries des spectateurs de plus en plus nombreux, qui prenaient un plaisir infini à la vue de ce spectacle.

La caravane ayant jugé l'épreuve suffisante, rentra aussitôt à l'étape.

On dit que George Sand a toujours gardé rancune aux habitants d'Eguzon, pour leur peu d'empressement à lui venir en aide, et surtout pour les plaisanteries qu'on ne lui avait pas ménagées.

Si en plein bourg les chemins étaient si difficiles, qu'était-ce donc un peu plus loin ?

Les piétons pouvaient encore s'en tirer, soit en franchissant les mauvais pas sur des pierres, soit en faisant un crochet dans les champs voisins.

Mais les cavaliers et les véhicules avaient fort à faire. Il est vrai d'ajouter que les uns et les autres étaient fort rares à Eguzon ; on n'y comptait encore, il y a 25 ans, que 7 ou 8 chevaux, dont la majeure partie dans les deux hôtels du bourg.

Le pays d'ailleurs est tellement accidenté, que les voitures attelées de bœufs ou de vaches s'aventuraient seules dans les chemins, et encore fallait-il, pour éviter les accidents, une surveillance incessante, surtout dans le voisinage des cours d'eau.

Le conseil général de l'Indre décida en 1823, sur le territoire du département, la construction de la route d'Ecueillé à Guéret.

Cette route se fit d'abord jusqu'à Argenton, puis on ne parlait plus de la continuer.

En 1829, le conseil municipal en demanda vainement la construction à travers le territoire de la commune d'Eguzon.

Cette demande fut réitérée en 1833. On offrit gratuitement les terrains pour cette route et pour celle projetée de St-Benoist à Aigurande, plus pour chacune d'elles, une somme de 2.000 francs. — Un peu plus tard, on vota une somme de 6.000 francs pour la route d'Argenton.

Une partie de cette somme devait être prise sur la vente des communaux demandée précédemment, vente qui n'eut pas lieu.

La route de St-Benoist à Aigurande semble se faire plus rapidement.

En 1844 le conseil vote 400 francs pour plantation d'un double rang d'arbres aux environs du pont des Piles, pour prévenir les accidents, des ravins dangereux existant des deux côtés.

Cette route fut achevée en 1846.

Celle d'Argenton ne devait l'être qu'en 1851.

En 1869 on construisit la route de Chantôme; et en 1877 celle de Lourdoueix St-Michel, qui traverse la Creuse au village de Chambon.

On a fait depuis un certain nombre de chemins vicinaux desservant les principaux villages de la commune.

En 1882, chemin vicinal ordinaire n° 4 d'Eguzon à Péguéfier, longueur 3189 mètres, coût 21000 francs, soit 6 francs environ par mètre ;

En 1885, chemin vicinal n° 8 de Messan à la grande communication n° 49, longueur 1244 mètres coût 13.000 francs, soit environ 10 francs par mètre.

En 1887, deuxième partie du chemin n° 8 de Messan à la grande communication n° 11, longueur 2584 mètres, coût 33.000 francs, soit 13 francs par mètre.

En 1886, chemin n° 9 d'Eguzon à Bousset, longueur 1234 mètres, coût 14.000 francs, soit un peu plus de 10 francs le mètre.

En 1893 chemin n° 3 d'Eguzon aux Jarriges et à Moncocu, longueur 1731 mètres, coût 15.800 francs, soit 9 francs par mètre.

Enfin plusieurs autres projets sont à l'étude, et avant peu tous les villages seront desservis par des routes, et le réseau vicinal sera terminé, à la grande joie des contribuables, qui trouvent, sans doute avec raison, que, si les routes rendent de grands services, elles coûtent énormément cher dans ce pays-ci.

Les routes sont entretenues par les prestations en grande partie. Les matériaux fournis sont en général des silex ramassés dans les champs. Ceux fournis par l'administration proviennent des carrières schisteuses du pont des Piles et des bords de la Creuse.

Ce schiste est extrêmement dur ; aussi l'empierrement qui se fait chaque hiver est long à prendre, et les routes sont longtemps en mauvais état.

MATÉRIEL DE CYLINDRAGE. — Pour obvier à cet inconvénient, le service vicinal a proposé aux communes du canton, l'acquisition d'un matériel de cylindrage.

Cette proposition a d'abord été rejetée ; enfin en 1892, sur de nouvelles instances, la somme nécessaire a été votée par tous les conseils municipaux.

Le cylindre a coûté 1800 francs ; la part de la commune d'Eguzon a été de 327 fr. 85.

Aujourd'hui, dès qu'un chemin a été chargé, on y promène le cylindre, et en peu de temps il est rendu praticable.

Le service vicinal a été organisé à Eguzon en 1854, en vertu de la loi du 21 mai 1836.

Il est vrai qu'avant cette époque, l'emploi d'agent-voyer eût été une petite sinécure.

AGENTS-VOYERS. — M. Moulins fut nommé en 1854. La même année il démissionna et fut remplacé à titre provisoire par M. Ardibus.

Puis se sont succédé MM. Delagoutte, Guéraud, Wauthier, Rouet, Foix, Weis, Caillaud, Claveau, Gérald et Revaux, conducteur-voyer actuel.

Le service prend chaque année une nouvelle extension ; le travail devenant de plus en plus considérable, un aide a été donné à l'agent-voyer depuis quelque temps. Cet aide est payé à raison de 1 franc ou 1 fr. 25 par jour, suivant la classe.

(Cet aide vient d'être supprimé (1894).

L'agent-voyer a sous ses ordres quatre brigades de cantonniers ayant à leur tête quatre chefs cantonniers.

Ce sont :

La 18° Brigade, avec 7 cantonniers ;
La 19° Brigade, avec 8 cantonniers ;
La 20° Brigade, avec 7 cantonniers ;
La 21° Brigade, avec 7 cantonniers ;

Soit en tout, 4 chefs et 29 cantonniers.

Les communes du canton possèdent en outre plusieurs cantonniers auxiliaires.

La longueur des chemins de Grande communication est, pour tout le canton, de 27.376 mètres. (chemins vicinaux ordinaires non compris.)

GARDE-PÊCHE. — Un chef cantonnier est en même temps garde-pêche sur la Creuse et les autres ruisseaux du canton.

Il fait deux ou trois tournées par mois à des jours fixés par l'agent-voyer. Cette surveillance lui est payée 0 fr. 60 par tournée en plus de son salaire.

Chaque contravention constatée par lui, lui donne droit à une prime de 18 francs.

Depuis 4 ou 5 ans qu'il est investi de ces nouvelles fonctions deux procès-verbaux seulement ont été enregistrés, et ont conduit les délinquants devant le tribunal.

D'autres contraventions ont bien été constatées ; mais on a mis en avant certaines influences qui ont étouffé les poursuites.

On a d'ailleurs supprimé les tournées de nuit, sans doute parce qu'on trouverait trop souvent à verbaliser, et qu'on ne veut pas assurer de trop grandes ressources à un chef cantonnier.

CHEMIN DE FER

Le chemin de fer de Paris à Agen fut construit à Eguzon de 1850 à 1853. Il traverse la commune du nord au sud dans la partie ouest.

Il a pris 2ha 29a 97 du communal du Pez-Chauvet, payés 3 francs l'are ;

46 ares 45 aux habitants d'Argentières, 166 ares 60 à ceux d'Eguzon, à 1 franc l'are ; de la forêt du Faisceau, alors au comte d'Armaillé, pour une valeur de 2536 fr. 98 ; et différentes parcelles de terrain à divers propriétaires.

L'adjudication des travaux compris sur le territoire d'Eguzon, (travaux s'élevant à près d'un million), fut faite au profit d'un sieur Ranjard, qui avait établi son quartier général au village de la Ferrière.

MISÈRE. — Ranjard occupait de 4 à 500 ouvriers qu'il payait mal.

En 1852 un grand nombre d'entre eux vinrent supplier le

maire M. Mingasson, de leur faire avoir du pain ou leur argent.

Le maire écrivit au Préfet à ce sujet. Il parle d'un nommé François Ballié qui est resté deux jours sans manger ; d'un autre malheureux qui était couché depuis deux jours et deux nuits dans un fossé où, disait-il, il voulait crever, n'ayant pas un sou pour vivre.

M. Mingasson sollicite quelques passeports pour pouvoir rapatrier les plus nécessiteux ; 80 de ces derniers quittent ainsi les chantiers.

Le gouvernement agit alors avec énergie ; il résilia le traité passé avec Ranjard et déclara qu'il paierait les ouvriers jusqu'à concurrence des sommes dues à Ranjard.

Le maire, le juge de paix et M. Gandois, ingénieur des travaux, dressent un état des ouvriers et des sommes dues à chacun d'eux.

« Je n'ai accepté, dit le maire, que la déclaration des ouvriers occupés dans la commune d'Eguzon ; j'ai refusé les réclamations des ouvriers employés dans le département de la Creuse.

J'ai les noms de 258 ouvriers, sans compter les 30 ou 40 ouvriers du tâcheron sous-entrepreneur, et tout cela pour travaux exécutés dans les communes d'Eguzon et Chantôme dépasse 20.000 francs, et près de 80 ouvriers n'ont pas pu encore fournir leurs réclamations ; ce sont ceux qui à ma prière et à celle du juge de paix, lors des journées des 20, 21 et 22 novembre se sont décidés à retourner chez eux, et se trouvant à 15 ou 20 lieues n'ont pu savoir encore l'heureuse mesure adoptée en leur faveur par le gouvernement. »

Qu'entend le maire par les journées des 20, 21 et 22 novembre ?

Des bagarres se sont produites à cette époque et le tribunal correctionnel a dû sévir.

Néanmoins la brigade d'Eguzon étant jugée insuffisante fut renforcée de celle d'Argenton, et le sous-Préfet demande s'il ne serait pas bon de créer un commissariat de police spécial aux chantiers.

Enfin les travaux furent mis en régie et les ouvriers payés... (intégralement ?)

La station est à 2800 mètres d'Eguzon. On avait l'intention de l'établir près du bourg ; mais les habitants craignirent les effets de la vapeur : la fumée, disait-on, fait pourrir les pommes de terre dans les champs et incendie les céréales. On aima mieux la station un peu plus loin. Aujourd'hui on déplore cet état de choses.

La réception des travaux a dû être faite en 1854, et l'inauguration de la ligne (en partie) la même année.

RENCONTRE. — En 1862, un train de marchandises composé de 24 voitures venant de Limoges, brûle la station de Saint-Sébastien, et se rencontre à Eguzon, avec un train venant de Paris, et comprenant 46 voitures.

Les dégâts furent considérables, mais on n'eût pas à déplorer de mort d'hommes.

CHEVAL ET VAPEUR. — A quelque temps de là un beau cheval de prix, appartenant au propriétaire du Faisceau s'engagea sur la voie au moment du passage d'un train allant sur Châteauroux.

Ce cheval partit au galop devant la locomotive, passa devant les stations d'Eguzon, de Celon, d'Argenton et de Chabenet, toujours précédant le train.

Ce ne fut qu'en arrivant au tunnel de Chabenet qu'il fut atteint et tué.

Cette lutte de vitesse entre le cheval et la locomotive est vraiment extraordinaire.

Le voyageur qui va sur Châteauroux et Paris a le choix de 3 trains partant d'Eguzon à 8 heures du matin, 3 heures 1/2 et 7 heures du soir ; pour aller sur Limoges il y en a trois également, (retour de Châteauroux), à 6 heures 1/2 et 11 heures 1/2 du matin, et à 6 heures 1/2 du soir.

Les express ne s'arrêtent pas à Eguzon, malgré les démarches qui ont été faites à ce sujet.

EXCURSIONS

« Eguzon, dit George Sand, est le point central d'une région pittoresque semée de ruines imposantes. »

C'est à Eguzon que descendent les touristes, qui abondent à l'époque des vacances.

Leur itinéraire est tout tracé : d'Eguzon à Crozant, puis retour à Eguzon et excursion à Gargilesse et au Pin, par Châteaubrun.

« Ce sont, dit M. Deschanel, des séries de paysages merveilleux, où brille une grâce sauvage. »

Le matin, à 6 heures 1/2, vous descendez du train, l'omnibus vous transporte pour 0 fr. 40 à Eguzon, où vous trouvez des voitures à volonté.

CROZANT. — Immédiatement vous vous embarquez pour Crozant ; il semble qu'on a hâte de voir ce lieu célèbre.

Quiconque connaît le pays, « les coursières, les sentes, » préfère accomplir à pied ce pèlerinage. L'air vif des collines qui aiguillonne, la course assez pénible, mais très pittoresque, vous dédommagent bien de votre peine:

D'ailleurs le trajet n'est pas très long ; et puis, grimper les sentiers de chèvres, sauter les « échaliers », tandis que les chiens aboient après vous, et vous suivent longtemps, semblant protester contre votre audace; cotoyer les bords de la Creuse, dont le grondement reste longtemps dans les oreilles; découvrir au sommet de la colline Crozant devant vous, Châteaubrun derrière ; descendre les précipices de la Cédelle et remonter, haletant, le versant opposé, ont bien des charmes inconnus des touristes paresseux qui préfèrent les coussins moelleux de la voiture.

Il n'y a pas très longtemps j'eus la visite de deux collègues, deux condisciples de l'école normale, aujourd'hui établis en Cochinchine.

L'un d'eux sortait de maladie ; il était resté une année entière sans manger de pain et sans boire de vin.

Il avait obtenu un congé de convalescence, et pour se remettre avait entrepris, avec son ami, une excursion, à pied (a-t-il dit) sur les bords de la Creuse, d'Eguzon à Tournon.

Il mangeait peu ou point, ne buvait que de l'eau.

Je conduisis ces deux amis à Crozant. C'était au mois de septembre ; nous partîmes vers les 5 heures du matin, à pied et par les côtes. Après un séjour d'une heure ou deux sur les ruines de Crozant, nous revînmes par le même chemin.

Bref, nous étions de retour vers midi.

Le déjeuner nous attendait. L'ami malade qui touchait à peine au pain, mangea comme un laboureur ; lui qui ne buvait que de l'eau, vidait son verre de vin toutes les deux bouchées ; en un mot il dévora. Voilà, lui dis-je, ce qu'il te faut tous les jours pour te guérir.

Il avoua n'avoir pas fait un repas semblable depuis dix ans.

Si vos jambes hésitent, ou si vous n'avez pas de guide, le trajet en voiture a bien aussi son charme.

Vous prenez la route de Dun, route très accidentée, bordée de châtaigniers, et dominant un passage magnifique vers l'est.

A deux kilomètres vous passez le village de Cherché, aujourd'hui Charchet, dont les maisons sont perdues dans les arbres fruitiers.

Tout à coup, à un tournant, au sommet d'une côte élevée et boisée, une construction énorme et en trois parties, dont la façade principale regarde vers l'ouest, frappe votre vue. On dirait une caserne ou un couvent.

Saluez !... C'est le château de la Clavière ; c'est l'ancienne demeure des Chamborants, jadis les plus puissants de la contrée.

Il occupe le sommet d'une colline de plus de quarante mètres de hauteur ; au-dessous, un bois de hêtres dont la base se reflète dans un étang dont l'eau s'échappe en une gentille cascade dans les rochers.

Vous contournez l'étang, puis la montée commence. Vous arrivez à l'étang du Mauvais Pas. C'est la limite des départements de l'Indre et de la Creuse.

Cet étang est petit et n'a rien de remarquable ; mais pourquoi le nom sinistre qu'il porte ?

Il paraît qu'un seigneur de Crozant fuyant son domicile, poursuivi par les paysans que ses vexations avaient enfin soulevés, fut atteint par eux et mis à mort sur les bords de cet étang. De là son nom.

C'est aussi en ces lieux que pendant la Guerre de Cent ans se livra un combat célèbre entre les seigneurs de la Marche de Crozant et autres qui tenaient pour le roi d'Angleterre, et les Chamborant, de Rance (Eguzon), de Bridiers, qui combattaient pour le roi de France.

Le fils du vieux de Rance y fut tué; on l'inhuma dans la chapelle du château d'Eguzon (1); mais le seigneur de Crozant fut tué aussi, et son château pris et pillé.

Enfin ces lieux ont vu aussi des luttes acharnées entre les huguenots, dont le chef a été longtemps le comte de Chabannes, de Nouzerolles, et les catholiques.

C'est un pays triste, couvert de landes et de fougères, parsemé de bois de châtaigniers.

Vous êtes au sommet de la colline; vous descendez maintenant jusqu'à la Cédelle « aux ondes couleur de suie, dans lesquelles on dirait que tous les ramoneurs de l'univers se sont débarbouillés »; vous laissez Notre-Dame des Places sur la droite, vous passez la rivière, vous prenez à gauche, et vous arrivez tout doucement à Crozant, par un chemin raboteux semé de blocs d'un granit gros et friable, à travers un pays aride et morne où ne poussent guère que du seigle et du sarrazin.

Le bourg de Crozant n'a rien de remarquable par lui-même, et vous vous demandez ce qu'on peut bien y venir voir.

Mais bientôt, derrière son antique église assise sur le roc, les ruines s'offrent tout à coup à votre vue.

Sur de grands rochers noirs et escarpés se dressent les tours en ruines que George Sand a si bien décrites dans le Péché de M. Antoine. La partie Est est baignée par la Creuse; la partie opposée par la Cédelle, ces deux rivières coulent en grondant entre des collines élevées et abruptes et se réunissent au pied des ruines, offrant un panorama admirable.

La visite achevée, on va calmer son appétit chez la mère Lépinat, hôtel où l'on trouve le confortable.

Tous les peintres, tous les touristes, connaissent la mère

(1) J'ai dit ailleurs que ce renseignement pourrait bien ne pas être exact, les de Rance n'ayant habité Eguzon, vraisemblablement qu'à partir de 1495.

Lépinat ; quantité de poètes et d'hommes célèbres ont laissé sur les murs de la salle trace de leur passage. La mère Lépinat, quoique vieille est toujours jeune et reçoit tout son monde avec lenteur, mais avec bonne grâce.

Vous quittez Crozant avec regret. Le retour à Eguzon se fait ordinairement par la rive droite de la Creuse, par St-Jallet, Fougères et le pont de Chambon. On ne voit par là rien de bien remarquable.

On change de cheval, et en route pour Châteaubrun et Gargilesse.

CHATEAUBRUN. — On suit la route d'Orsennes ; à gauche, sur la hauteur, le château des Jarriges ; à droite, le fort village d'Eguzonnet, enfoui dans les arbres. Puis tout à coup, de l'autre côté de la Creuse, qui en baigne le pied, la masse noire des tours de Châteaubrun, perchée sur une haute colline. Plus haut, Cuzion et son clocher.

Après des sinuosités sans fin, on arrrive au pont des Piles. Alors il faut descendre de voiture prendre sur la gauche un chemin non carrossable, et monter à Châteaubrun, ascension assez pénible.

« L'aspect de ces grandes tours sur la montagne au soleil
» couchant, est sinistre. On reconnaît d'abord selon l'expression
» de George Sand, un « lieu souillé des crimes mystérieux de la
« féodalité. »

« Des souterrains descendaient jusqu'à la Creuse, pour ména-
» ger, dans la défaite, une retraite aux assiégés. L'issue en était
» cachée par les eaux, nous essayâmes d'y descendre, mais ces
» couloirs, étroits, aux voûtes basses, où les lampes s'éteignent
» faute d'oxygène, sont obstrués aujourd'hui à mi-chemin par leurs
» propres ruines.

« Crozant est moins terrible et moins escarpé... »
Em. Deschanel.

Le propriétaire actuel de Châteaubrun M. Langlois, a fait réparer la partie supérieure des tours. On l'en a blâmé sur le moment ; il enlevait tout le pittoresque. Aujourd'hui, le temps a rendu le tout d'une teinte grise uniforme. Rien ne jure.

Le château est admirablement conservé, et il est regrettable qu'on n'en puisse visiter l'intérieur à volonté.

GARGILESSE. — En quittant Châteaubrun, on remonte à pied jusqu'à Cuzion, où la voiture est parvenue par un grand détour, et on se dirige vers Gargilesse, où à l'intérieur du vieux château se trouve une église des plus remarquables, avec sa crypte et ses vieilles fresques.

Un tombeau célèbre, d'un ancien seigneur du pays, est un objet de vénération de la part de bon nombre de personnes.

La statue couchée sur ce tombeau, et qui représente un sire de Naillac, a été et est toujours mutilée d'atroce façon. On l'attaque avec des couteaux, aux lèvres, au ventre et en bien d'autres endroits. La poudre que l'on obtient de cette façon, absorbée dans un verre d'eau, fait cesser la stérilité des femmes.....

Combien de jeunes ménages sont venus et viennent encore demander des héritiers à Gargilesse !

Le curé n'a pu faire cesser ces pratiques ; il a pendant longtemps bouché les trous avec du mastic.

Ce qu'il en a fallu du mastic ! Une partie de son casuel devait y passer.

De l'église, le coup d'œil sur la Gargilese qui serpente dans une magnifique prairie, est admirable.

LE PIN. — On descend ensuite péniblement l'unique rue du bourg, et on va rejoindre la Creuse au Pont de l'île Ponvin ; de là, on suit la route qui conduit au Pin, longeant la rivière, dont la côte opposée offre une des plus belles vues qu'on puisse imaginer.

On cherche George Sand ; on la voudrait voir sur la rive, avec le père Moreau jetant l'épervier, tandis que sa fille la Moraude, (aujourd'hui Madame Chamblant), la poêle en main, fait la friture sur l'herbe, à mesure qu'on apporte le goujon.

Beaucoup de peintres, encore dans cette contrée qu'on a surnommée la petite Suisse.

C'est là que se trouvent les bains de George Sand ; c'est là aussi qu'en 1883, quatre dames trouvèrent la mort en se baignant.

Un petit monument en forme de pyramide rappelle cette catastrophe.

La rivière, à cet endroit, est profonde et dangereuse.

L'excursion se termine là. Vous jetez un dernier coup d'œil à ces superbes collines, vous saluez le vieux clocher de Ceaulmont que vous voyez au dessus et vous reprenez la route d'Argenton toujours en cotoyant la Creuse ; mais alors une Creuse presque sans collines, bordée d'arbres, une Creuse prosaïque.

Quiconque a accompli une fois le voyage dont je viens de parler, garde éternellement ce souvenir, et se promet toujours de le recommencer.

UN DERNIER MOT

LE PAYSAN

Ce n'est pas à Eguzon même qu'on trouve le véritable type des hommes du pays. J'ai dit ailleurs que sur 132 chefs de famille, plus de 70 sont étrangers à la commune. Beaucoup s'y sont établis à l'époque où l'on a construit le chemin de fer : d'autres au moment de la guerre. Enfin les fonctionnaires, qui s'y renouvellent sans cesse, y apportent à chaque instant une diversité de noms, de caractères et de mœurs.

Pour étudier le paysan de la contrée, le vrai descendant des anciens habitants, il faut le chercher dans la campagne.
Là, plus de noms modernes à belle consonnance et à orthographe difficile ; mais des noms simples, comme les individus qui les portent ; des noms modestes, bien appropriés à l'homme des champs ; des noms sonores néanmoins, pouvant se lancer à pleins poumons, arriver aux oreilles de leurs propriétaires d'une colline à l'autre, et faire résonner longtemps l'écho de la vallée.

Et c'est bien là en effet ce qu'il faut dans la campagne ; si vous avez besoin de parler à un travailleur des champs, sa femme, ou son voisin, s'avance sur le seuil de la porte et l'appelle à pleine voix. Serait-il à 2 ou 3 kilomètres, il est bien rare qu'il ne réponde pas.

Dans certains villages, beaucoup d'habitants portent le même nom patronymique, et descendent de la même famille.

Au Bougazeau, ce ne sont que des Guyoton et des Poitreneau. Ces derniers sont si nombreux qu'on a beau joindre à leurs noms et leurs prénoms le nom de leur femme, on arrive difficilement à les reconnaître.

A Charchet, ce sont les Allilaire et les Lagoutte ; à Bousset, les Mongereau ; à Messant et à la Braudière, les Chéroux ; à la Ferrière, les Malesset ; à Péguéfier, les Lagoutte et les Allilaire ; à Argentière, les Déjoie, les Delanneau, les Pineau ; à Eguzonnet, les Auroy, les Lebrun ; aux Jarriges, les Brigand ; à Fressignes et à Lavaud, les Vallet, les Bouchaud, les Casseroux et les Sabroux, etc.

En général, le paysan a le teint brun ; il est de taille moyenne légèrement trapu, et d'assez grande force musculaire ; les traits sont prononcés, le regard un peu timide, l'air soucieux, pensif et réfléchi.

Il est froid, peu ouvert, et ne répond, lorsqu'on l'interroge qu'avec beaucoup de circonspection ; il craint toujours de se compromettre.

Il est économe, quelquefois avare ; il se nourrit mal : les pommes de terre et le porc salé font tous les frais de sa nourriture ordinaire ; à certaines fêtes cependant, il achète un peu de bœuf ou de veau ; rarement du mouton.

Il ne respire, il ne travaille que pour agrandir ses terres, auxquelles il tient plus qu'à tout.

En général il n'est pas riche ; cependant il achète sans cesse, s'endettant au besoin pour ajouter quelques arpents à sa propriété.

Il aime ses bestiaux autant que sa famille, peut-être même d'avantage. Il connaît leur âge, mais il ignore celui de ses enfants, quelquefois le sien.

La perte d'un bœuf ou d'une vache lui est sûrement aussi sensible que la perte d'un enfant.

Cependant il n'appellera pas le vétérinaire si son bœuf est malade, cela coûte ; de même il n'ira chercher le médecin que si son enfant est à peu près perdu.

Il fréquente assidûment les foires et les marchés pour se tenir au courant du prix des marchandises.

Travaillant d'un dur labeur, il s'imagine volontiers que les fonctionnaires sont des fainéants qu'il entretient.

Il n'aime pas les gens qui lui réclament de l'argent, comme le percepteur et l'agent d'assurances ; ni ceux qui peuvent à l'occasion lui causer des désagréments, comme les gendarmes.

Il n'a pas de parti politique bien arrêté ; il votera peut-être pour le candidat le plus riche, ou pour celui qui lui fera le plus de promesses ; mais au fond, on ne saura jamais pour qui il aura voté.

Il est frondeur, mais honnête ; il est obligeant au besoin, mais peu hospitalier.

L'amour du sol lui occasionne souvent des différends avec ses voisins, et des appels devant le juge de paix ; comme il est entêté et même têtu, il ne se contente pas toujours des sentences de ce dernier, et se pourvoit souvent devant une autre juridiction ; de là de gros frais qu'il a bien du mal à couvrir.

Il est tenace dans ce qu'il veut, et pour lui, un sou est un sou.

La ménagère est semblable ; elle ira vendre à Argenton 0 fr. 70 une douzaine d'œufs qu'on ne lui veut payer que 0 fr. 60 à Eguzon ; elle remportera des poulets qu'elle trouvera à vendre cinq ou dix centimes de moins que le prix qu'elle s'était fixé. Elle surfait toujours sa marchandise.

Le mari aussi, aime que l'on marchande.

Un cultivateur amenait dernièrement à une foire d'Eguzon quatre porcs gras. Avant d'arriver au champ de foire, il rencontre un marchand qui lui crie : Combien les 4 cochons ? — 85 francs la pièce. — Vendus, reprend le marchand, qui s'empresse de les marquer.

Je n'ai jamais vu un homme aussi navré et aussi furieux que le vendeur, pour avoir été pris au mot.

Les enfants, de bonne heure vont aux champs garder les bestiaux : les garçons, les vaches ; les filles, les porcs et les moutons. Assises dans un coin, à l'abri du vent, ces dernières cousent, tricotent ou filent. Si le troupeau s'égare ou maraude chez le voisin, elles lancent leur chien à ses trousses, en lui criant, dans une joyeuse ritournelle : Va don les cri là-bas ; va don les cri là-bas ; ramène-les don, ramène-les don.

Le chien obéit paresseusement ; il ramène les bêtes, et la maîtresse de crier : Tiens ta payette. Le chien revient aussitôt chercher sa payette, qui consiste en un léger morceau de pain.

Si c'est la chèvre qui s'oublie à brouter les pousses des arbres, ou les bouchures, le chien est lancé à sa poursuite au cri de : A chau là-bas ! A chau là-bas ! (chau, c'est la chèvre), ramène-la don. Et toujours, après satisfaction ; Tiens ta payette.

Enfin on ramène les bêtes à l'étable ; la bergère passe devant, disant à tout moment : Birr ! allins, allins !

Si les jeunes gens vont de bonne heure aux champs, ils viennent tard à l'école ; seulement à l'âge où ils doivent fréquenter le catéchisme, en vue de la première communion.

Il ne faut donc pas s'étonner si on nous les envoie dans une ignorance absolue de toute chose. Aussi sont-ils honteux et n'osent-il lever la tête.

Ils ne savent pas parler, et ne veulent pas parler, craignant de dire des choses qui feront rire et se moquer leurs condisciples. Ils sont peu assidus, et les parents s'inquiètent médiocrement de leurs succès. La première communion faite, ils quittent l'école avec ensemble et retournent à leurs champs.

PATOIS. — Les paysans ont un langage assez correct. Il n'y a pas de patois à Eguzon, si ce n'est sur les confins du département, près de la Creuse, où le patois marchois est encore en honneur. Là aussi, on a conservé, surtout les femmes, les mœurs, les coutumes et jusqu'à l'habillement de la Marche.

A Fressignes, Chambon, Argentières, et un peu dans tous les villages, *un* se prononce *in*; *on* se prononce *en*; et *en* se prononce *on* : auquin, chaquin (pour aucun, chacun); la maisan, une chonsan, in maquignan, in marchond, in polissan, etc. (pour la maison, une chanson, un maquignon, un marchand, un polisson.)

C'est bien là le plus grand vice de la prononciation, vice à peu près impossible à faire disparaître.

Dans certains villages, où tous les jeunes gens émigrent une partie de l'année la langue est plus pure. Le séjour de la grande ville, les voyages, ont déluré tout le monde, et donné un certain vernis qui contraste fortement avec les villages voisins où la population reste sédentaire.

Les relations qui s'établissent forcément entre les habitants de ces villages, amènent des changements notables dans les habitudes et le langage, et y font pénétrer peu à peu la civilisation ; et le temps n'est pas éloigné où tout patois aura disparu, ainsi que toutes les vieilles coutumes auxquelles on tient d'autant plus qu'elles viennent des ancêtres.

FIN

ERRATA

Quelques fautes d'orthographe, faites par le typographe, ont échappé à l'attention du correcteur. Il sera facile au lecteur de les corriger, et il n'en sera pas question ici.

Page 27. dernier alinéa ; au lieu de 1674, dame Esther Foucaud;

Lire : en 1574 (Esther Foucaud, épouse de Jean Tiercelin, seigneur de la Chapelle-Baloue).

Page 29. Il est dit qu'en 1367 la maison de Forges possédait la seigneurie de la Clavière. Cette date, prise sur l'abbé Ratier, si mes souvenirs sont exacts, est certainement fausse, attendu qu'un Chamborant (Galland) seigneur de la Clavière, fut tué à Poitiers en 1356. A cette époque le château de la Clavière appartenait bien aux Chamborant.

Je crois qu'il faudrait lire 1256 ; mais je n'ai pu vérifier cette date.

Page 31. 29ᵉ ligne : brochant sur le tour ;
Lire : brochant sur le tout.

Page 73. Curé de Belesbat ;
Lire : Abbé de Belesbat (prévost de St-Benoit-du-Sault).

Page 80. 3ᵒ colonne : Bourliaud ;
Lire : Bourtiaud.

Page 89. 5ᵉ ligne : 23 et 14 février ;
Lire : 23 et 24 février.

Page 196. La dernière ligne de cette page devrait être placée la première.

TABLE DES CHAPITRES

A

Agriculture	178
Alimentation, commerce et industrie	176
Ancienne chapelle	36
Anciennes familles	23
Aperçu de quelques prix	73
Atelier de charité	91
Avant propos	7
Avant 1791	72

B

Biens nationaux	127
Bridiers (les de)	61

C

Carnaval (le)	155
Carrières	164
Chapelle d'Argentières	70
Chapelle des Lignières	55
Château de Cros	63
— d'Eguzon	25
— des Jarriges	57
— de la Clavière	29
— des Lignières	50
Chemin de fer	220
Cimetière	136
Cloches	129
Commissaire de Police	205
Communal du Pez-Chauvet	38
Conscrits	113
Curés d'Eguzon	121

D

Delacou (les)	213
Division de la paroisse	18
Drapeau blanc	54

E

Eau (l') à Eguzon	101
Ecole de garçons	194
— de filles	201
Eglise	95
Eglises supprimées	128

Eguzon	9
Electeurs et élections	109
Enregistrement	210
Errata	233
Excursions	223

F

Feux de St-Jean	156
Fief de la Braudrière	65
Foires	169
Fondations de rentes à l'Eglise	125
Forêt du Faisceau	186
Four banal	48

G

Gabelle	76
Garde-Champêtre	205
Garde nationale, guerre de 1870	191
Gendarmerie	207

H

Halle (la)	99

I

Instruction	202

J

Justice de paix	211

M

Marchés d'Eguzon	167
Mariages	144
Mesures	72
Mine de Plombagine	160
Moulins du Seigneur	46

N

Naissances	150
Naissances, Mariages, Décès	141
Notaires	212
Notaire de Bougazeau	44

O

Origine du Bac de Chambon	188

P

Pacte de famine	53
Percepteurs	211
Plaines et collines	15

Pompiers	189
Poste	214
Préjugés et coutumes	151
Premier janvier	154
Première République	82
Prieuré de Longefont	66
Privilèges	40

R

Registres de l'état-civil	104
Religion	116
Religion de Calvin	119
République de 1848 et 2e empire	89
Réquisitions militaires	86
Routes	216

S

Salubrité, Propretés, Maladies	132
Sorciers	157
Successeurs (les) des Chamborant	31

T

Taille (la)	78
Territoire de Bougazeau-de-Bord, de la Feyte	41

U

Un dernier mot Le paysan	229

V

Vente du Château d'Eguzon	28
Veuvage, Préjugé	119

TABLE ALPHABÉTIQUE

A

Achard	76, 106, 122
Acte d'abjuration	119
Adjoints (Instituteurs)	198
Adjudication des boues	133
Agents-voyers	219
Anarchiste	33
Aperçu géologique	160
Arbre de la liberté	89
Archives de l'Indre	67, 68, 70, 82, 85
Archives de Guéret	81
Argentières	69
Argier (d')	59, 85
Argile	165
Armaillé (d')	184
Arpentement des Tenues des villages (d'Argentières, La Ferrière, Bordesoule)	67
Arrestation	83
Assemblée	116
Augay de Bonau	126

B

Bac de Chambon	186
Bascule	170
Bélesbat (curé de)	73
Bibliothèque pédagogique	199
Blé de la passion	139
Bonaparte	90
Bonnat	54, 157
Bord	41
Bost (de) du Breuil	33
Bouc	153
Bougazeau	41
Bridiers (de)	31, 59, 60, 130, 225
Brézy (de)	32
Brosse (de)	25
Broua	205

C

Camard	134, 201
Carillon	131
Certificats d'études	199
Chabannes	52, 126, 225
Chamborant (de)	27, 29, 36, 38, 44, 124, 129, 225
Champ d'expérience	197
Chapelle Basloue	26, 53
Châtaignes	179
Charrière	63
Châteaubrun	37, 225

Châteaufort.. ...... 130, 131,	183
Château Gaillard.............	165
— de St-Germain......	27
Charbon.....................	185
Chasse......................	17
Chasse à Rigo...............	158
Chaud de Lénet...... 34,	49
Chaux......................	164
Cheval et vapeur.............	222
Choléra.....................	132
Collecteurs..................	79
Concessions dans le cimetière.	136
Congréganistes...............	202
Conflit......................	96
Coudert du Chamillon........	188
Coursier................. 35,	162
Coutumes............... 144,	154
Creuse (la)..................	46
Crozant.....................	223
Croup......................	134
Cujas................... 106,	134

D

Dalphonse............. 164,	183
Dame (Notre) de la Clavière..	36
David......... 59, 130, 164,	202
Déclaration de Grossesse......	105
Delacou. 28, 59, 64, 107, 130,	131
	213
Delaunay....................	35
Dépôt de sûreté..............	208
Dérigoin.............. 107,	207
De Profundis................	192
Drapeau.....................	114
Droits du Seigneur........ 38,	41
Duval Louis............. 76,	78

E

École de hameau.............	202
Éguzon.....................	9
Élections	90
Enfants naturels.............	142
Étude Dauthy. 28, 43, 45, 47,	48
53, 58, 59, 65 77, 79, 80,	188
Exhumations.................	139

F

Farce.......................	139
Ferrière (la).................	66
Feyte (la)...................	41
Forges (de)..................	29
Foucaud........... 26, 27, 50,	55
Foy, Hommage........... 31,	66
Fréquentation scolaire........	203

G

Galland des Jarriges..........	57
Galland des Lignières.. 23, 50,	54
55, 76,	124
Garde Marteau...............	63
Gandois	221
Gargilesse............... 23.	227
Gaucourt (de)................	26
George Sand en détresse......	216
Glandée.....................	183
Gounot.....................	59
Grozier.....................	63

H

Henri Émile.................	33
Henriquez de Beauregard.....	201
Huard du Plessis. 28, 64, 130,	189
	213
Hubert Eugène...............	71
Huguenots............... 63,	71

I

Incendies	190
Inhumations.................	138
Instituteurs......... 195,	200

J

Jaillot Hubert................	41
Jarriges.....................	57
Jautrou.....................	184
Jeux........................	117

L

Laire (de).......... 29, 35,	64
Laisnel de Lassale........ 145,	150
Laurendeau..................	65
Le Paysan...................	229
Le Pin......................	227
Les Places...................	152
Lettre de cachet..............	105
Limites du Berry au sud......	11
Longefont...................	50
Longefont-Prieuré............	66

M

Macklot (de).................	184
Maires......................	103

Matériel de cylindrage.......	219
Maussabré (de).............	25
Meneurs de loups....	158
Mesures anciennes..........	72
Meurtre	58
Mignerat 101,	206
Mingasson	221
Momiron......82,	123
Montmorency (de).......57,	60
Mœurs.....................	142
Montsaulnin (de)..........57,	60
Morel de Fromental....27, 28,	34
35, 46, 48, 76, 83,	84
Moulins...............46,	176
Moyenne de la vie humaine...	141
Moyen d'accroître la population........................	193
Mulon.....................	35
Musac.....................	160

N

Nicolas de Nicolay..........	11
Notaires...................	211

O

Orages....................	129

P

Patois.....................	232
Péage.................100	169
Pêche (la).................	17
Perpérot...............62,	212
Perquisition	35
Pérussault..........63, 64,	66
Philippon..................	35
Pièce curieuse.......	64
Pierre 10, 36, 130, 161	207
	183
Pineau de Montpéroux	63
Plaines et collines	15
Poitou.....161, 162, 163,	201
Pont des Piles . . . . . , . .	186
Ponroy , . . . 49, 75, 85, 128,	169
Presbytère................	98

Prêtre réfractaire	37
Privilèges . . . . , ...	49
Procédé pour se faire exempter.	115
Propreté.	181

Q

Quatre noyées.	212

R

Rance (de)........... 24, 26,	225
Recensements...............	12
Redevances.	72
Religion réformée............	118
Rencontre	225
Renseignements agricoles. 13,	14
	15
Rôles de la taille.	80

S

Sable.....................	164
Sage-femme................	134
Saint-Maur (de).........58,	123
Salvanie (de la)......... 35,	161
Sand (George) 9, 216, 223, 225,	227
Scévole (de)................	28
Seiglière (de)...............	31
Seigneurs d'Eguzon..........	25
Serfs	41
Souscriptions............ 97,	101
Suicide	209

T

Tables 235,	236
Taille (la).................	78
Télégraphe................	214
Tiercelin..................	31
Tracasseries	111
Tumulte	93
Tourniol de Lavade.........	188

V

Verrerie..................	165
Violation de sépulture........	136
Voiture publique............	215

CARTE du Canton d'Eguzon

Légende
- Chemin de fer ++++
- Routes ———
- Limites de Cantons ·······
- Rivières

Échelle à 1/80.000

Légende

- Chemins de G.⁽ᵉ⁾ C.⁽ᵉ⁾
- Chemins vicinaux
- Chemin de fer
- Rivières

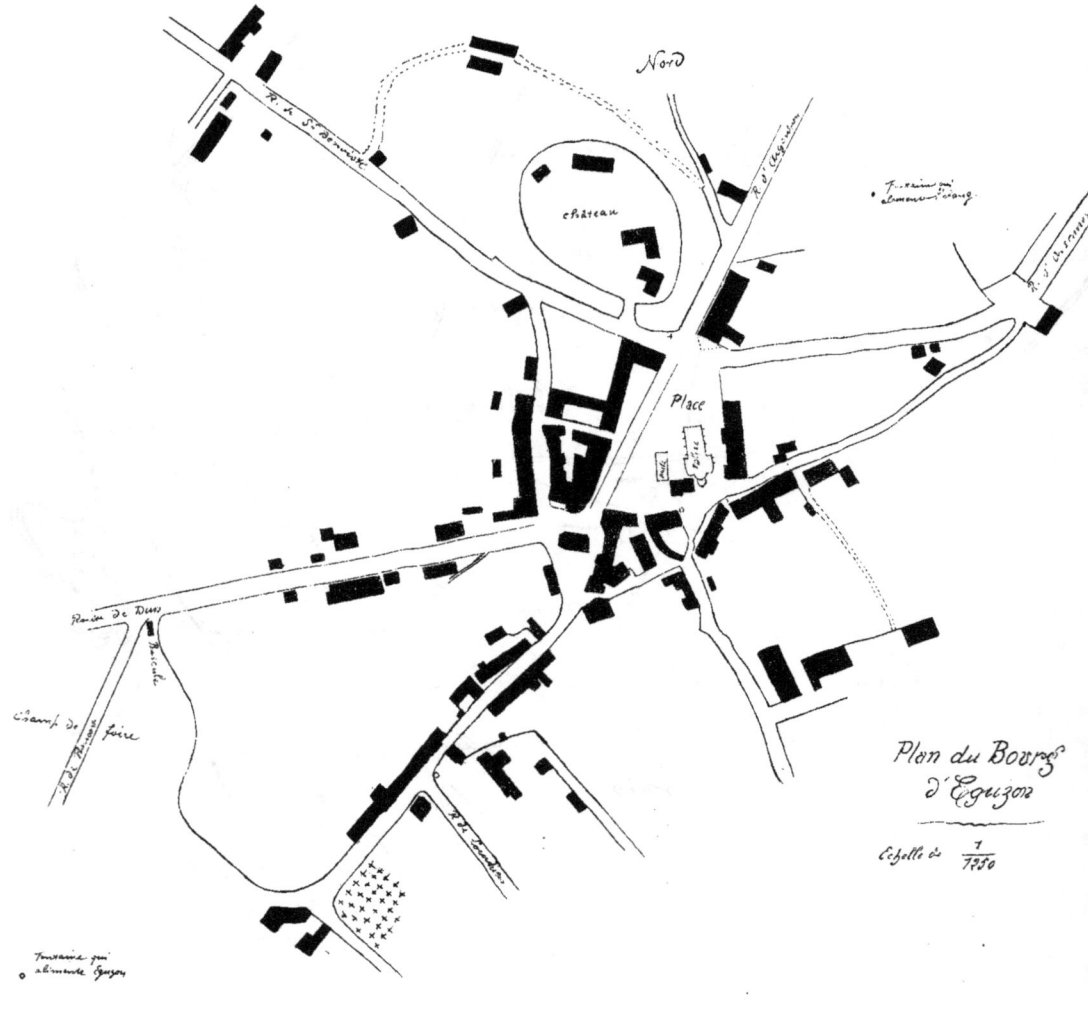

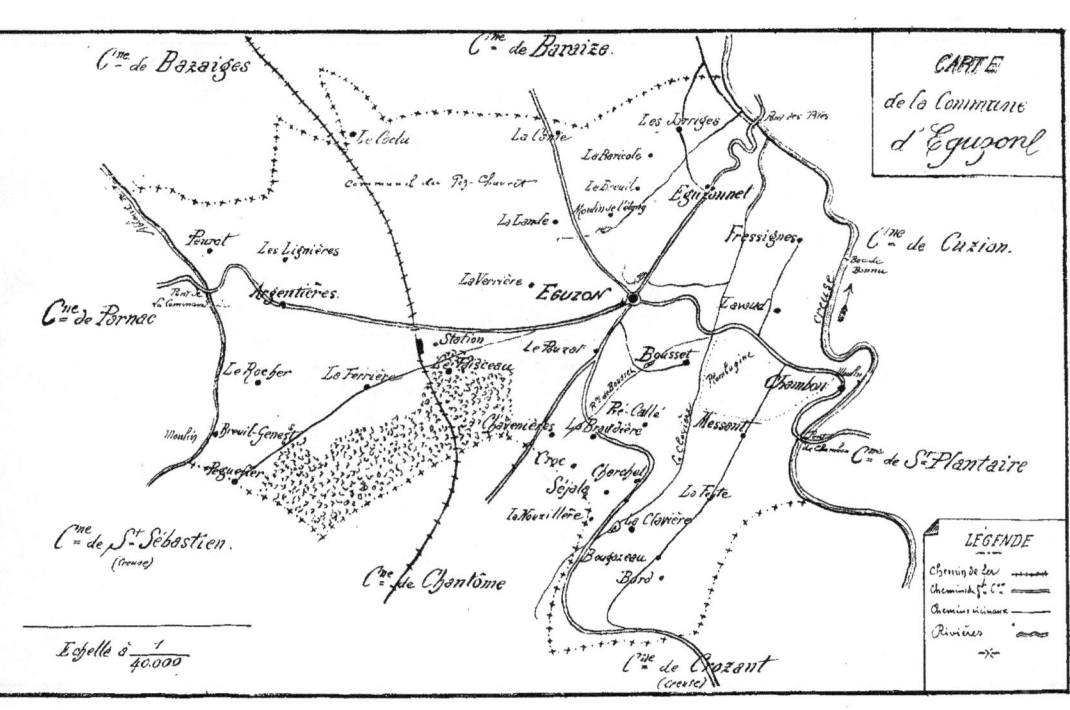

Limites du Berry, de la Marche et du Poitou
D'après une carte dressée en 1707 par Hubert Jaillot, géographe ordinaire du roy.

Vraye et Générale Géographique Description du païs, Election et Duché de Berry; avec l'estendue, limites et confins, du Diocèse et Archevesché de Bourges Primale d'Aquitaine Dont est à noter que l'estendue de l'Election le doit comprendre au dedans des lignes et traictz de plume qui sont bourdez et ce qui est hors lesdictes lignes est du dict Diocèse fors mis les villes qui sont depeintes le long et au dela des fleuves d'Allier et Loyre. (Partie Sud).

Par Nicolas de Nicolay, Dauphinois Géographe et Valet de Chambre du roi Charles IX. (XVIᵉ Siècle).

Elzarle   Dupont

Delacou   LBostel

G. Libertier   Delaneau

Galland Destignible   Vezynasson curé

Binet   de chabannes

    M. de la marcke

St maur de fresselinne

G. maugenett   Ranson

De Lacrue   Claneau

H. De St maur   Lesperol

Mtt H. Tiereulin de chateautier
    Galand d'Zeluguer
Claude de chambozant
françois de St maur de St Leon   St maur
tourvisole Desard   Michellet curé
antoine de St maur achard   Routet St Clavier
durau de montpeiroux   Cyar
                D. Delacou
moret Cte de La Clauve   Momirot
Menu

Spécimens de timbres

Spécimens de timbres

Ce fermier est de la Généralité de Bourges (Province du Berry)

Armes des Galland des Lignères
(Prises sur un couvert d'argent que m'a faire Mme Vve des Lignières)

ECOLE DE GARÇONS
Vue Extérieure

ECOLE DE GARÇONS
Vue Intérieure

Église d'Éguzon

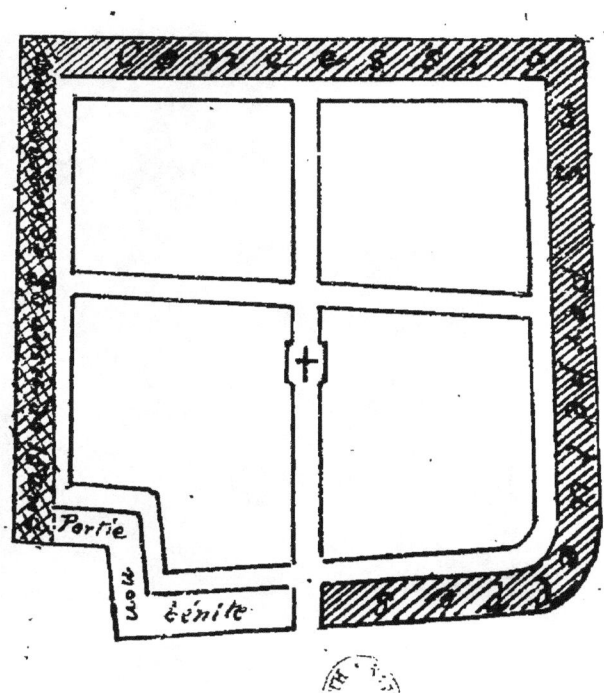

Plan du Cimetière

Château des Jarriges
(Côté Nord)

Château des Jarriges
Façade principale
(Côté Sud)

www.ingramcontent.com/pod-product-compliance
Lightning Source LLC
Chambersburg PA
CBHW060128170426
43198CB00010B/1075